职业教育·通用课程教材

"十四五"职业教育国家规划教材《道路工程制图与CAD》（第4版）配套用书

道路工程制图与CAD习题集

Exercise Set of Road Engineering Drawing and CAD

（第3版）

汪谷香　曹雪梅▲主　编

赵仙茹▲主　审

人民交通出版社

北京

内 容 提 要

本习题集是"十四五"职业教育国家规划教材《道路工程制图与CAD》(第4版)配套用书。全书由掌握制图规范和相应基本知识,以及工程构件的绘制及识读、识读道路工程专业图、绘制工程结构物和计算机绘图实训四个模块组成,与教材《道路工程制图与CAD》(第4版)的模块相对应。其内容深度及结构顺序紧扣教材,具有难易适中,与专业知识紧密结合,强化职业技能的特点。

本书可作为高等职业教育道路与桥梁工程技术等专业教学用书,也可作为行业技能培训教材使用。

本书配套有相关数字资源,读者可通过扫描内页二维码进行观看学习。

图书在版编目(CIP)数据

道路工程制图与CAD习题集 / 汪谷香,曹雪梅主编. — 3版.
北京:人民交通出版社股份有限公司,2025.1.
ISBN 978-7-114-19880-9
Ⅰ. U412.5-44
中国国家版本馆 CIP 数据核字第 2024XZ8961 号

职业教育·通用课程教材
"十四五"职业教育国家规划教材《道路工程制图与CAD》(第4版)配套用书
Daolu Gongcheng Zhitu yu CAD Xitiji

书　　名:	道路工程制图与CAD习题集(第3版)
著 作 者:	汪谷香　曹雪梅
责任编辑:	刘　倩　杜希铭
责任校对:	赵媛媛　刘　璇
责任印制:	刘高彤
出版发行:	人民交通出版社
地　　址:	(100011)北京市朝阳区安定门外外馆斜街3号
网　　址:	http://www.ccpcl.com.cn
销售电话:	(010)85285911
总 经 销:	人民交通出版社发行部
经　　销:	各地新华书店
印　　刷:	北京市密东印刷有限公司
开　　本:	787×1092　1/8
印　　张:	16.5
字　　数:	260千
版　　次:	2016年8月　第1版 2018年11月　第2版 2025年1月　第3版
印　　次:	2025年1月　第3版　第1次印刷　总第16次印刷
书　　号:	ISBN 978-7-114-19880-9
定　　价:	45.00元

(有印刷、装订质量问题的图书,由本社负责调换)

第3版前言

本习题集是"十四五"职业教育国家规划教材《道路工程制图与CAD》(第4版)配套用书。其内容深度及结构紧扣教材,具有难易适中,与专业知识紧密结合,强化职业技能的特点。

本习题集的编写指导思想是:

1. 紧扣教材。以必需、实用为度组织制图理论模块的内容。

2. 与专业知识紧密结合。以强化绘制与识读工程结构物的能力为主线组织内容。

3. 强化专业技能。强化识读专业图的能力以及运用AutoCAD绘图的能力。

结合专业是本习题集的重要特点。本习题集包括掌握制图规范和相应基本知识,以及工程构件的绘制及识读、识读道路工程专业图、绘制工程结构物和计算机绘图实训四个模块。在掌握投影基本理论的基础上,尽可能结合专业,注重对学生空间思维及绘图能力的培养,强化学生的技能,以更适合高职教育的需要。

本习题集提供了配套的习题集解题思路的提示,扫描教材封面二维码进入平台对应的习题集解题思路指导,可帮助初学者提高识图能力。

本习题集由湖南交通职业技术学院汪谷香和四川交通职业技术学院曹雪梅担任主编,陕西交通职业技术学院赵仙茹担任主审。各部分的编写分工是:制图规范部分、模块一项目三、模块二由曹雪梅编写;模块一项目一和项目二、模块三、模块四由汪谷香编写。

由于时间仓促,加之水平有限,缺点和错误在所难免,恳请使用本习题集的师生批评指正,联系邮箱:980183956@QQ.com。

编 者

2024年11月

目 录

绪论 掌握制图规范和相应基本知识 ……………………………………………………………………（1）

模块一 工程构件的绘制及识读 ……………………………………………………………………（4）

  项目一 绘制与识读简单基本体三面投影图 ……………………………………………………（4）

  项目二 绘制与识读组合体的投影图与剖面、断面图 …………………………………………（24）

  项目三 绘制基坑开挖线、公路路基填挖分界线 ………………………………………………（42）

模块二 识读道路工程专业图 ………………………………………………………………………（47）

模块三 绘制工程结构物 ……………………………………………………………………………（52）

模块四 计算机绘图实训 ……………………………………………………………………………（56）

参考文献 …………………………………………………………………………………………………（63）

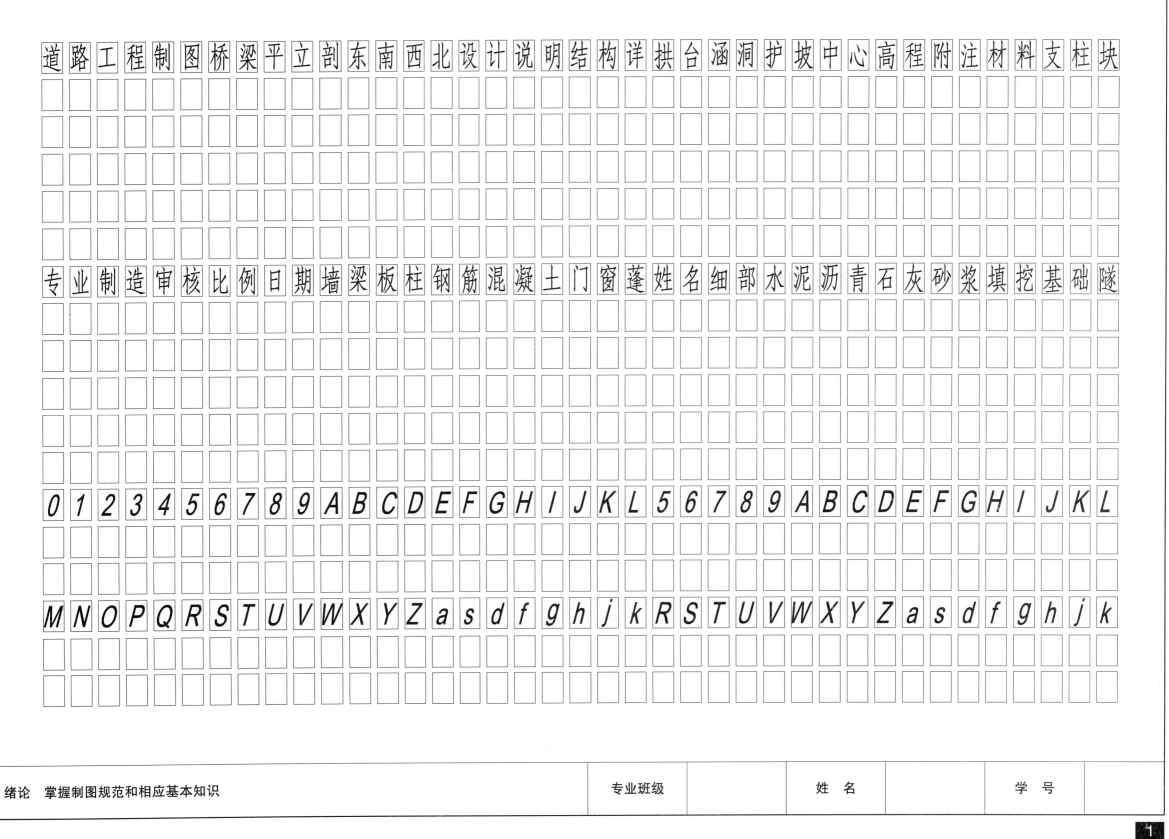

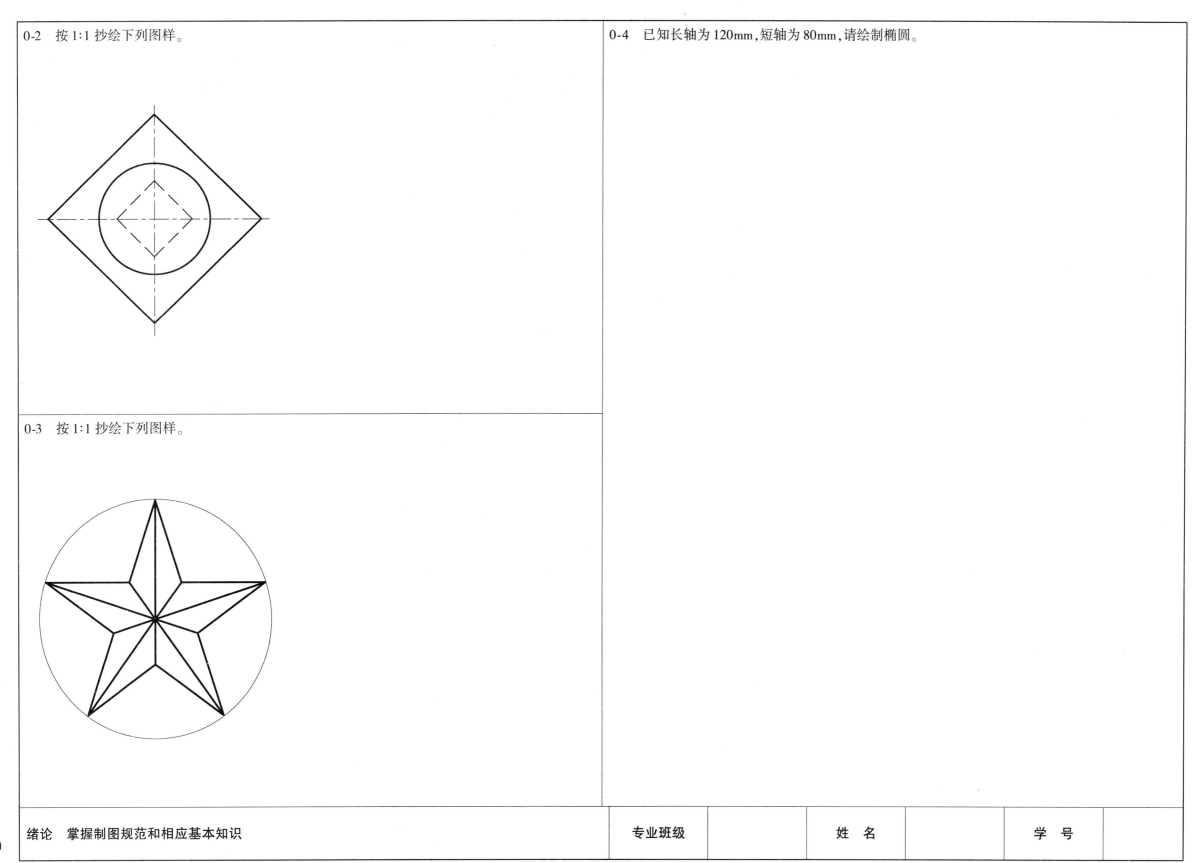

0-5 检查图中的尺寸标注,在错误的尺寸标注处打"×"(尺寸单位:mm)。

0-6 按左侧图示尺寸,补画右侧图线尺寸(尺寸单位:mm)。

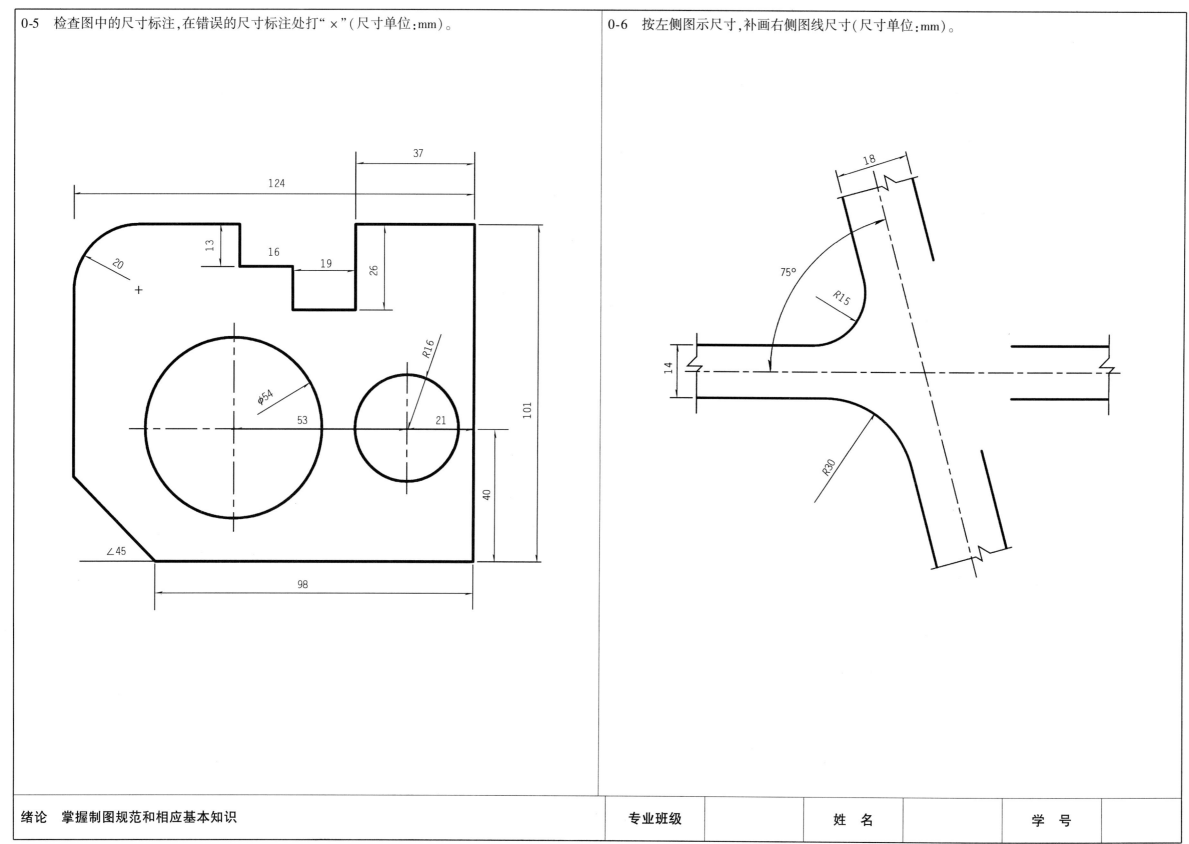

绪论 掌握制图规范和相应基本知识 | 专业班级 | 姓名 | 学号

1-1-1 根据形体的立体图和已知的投影图,补画形体的三面投影图。

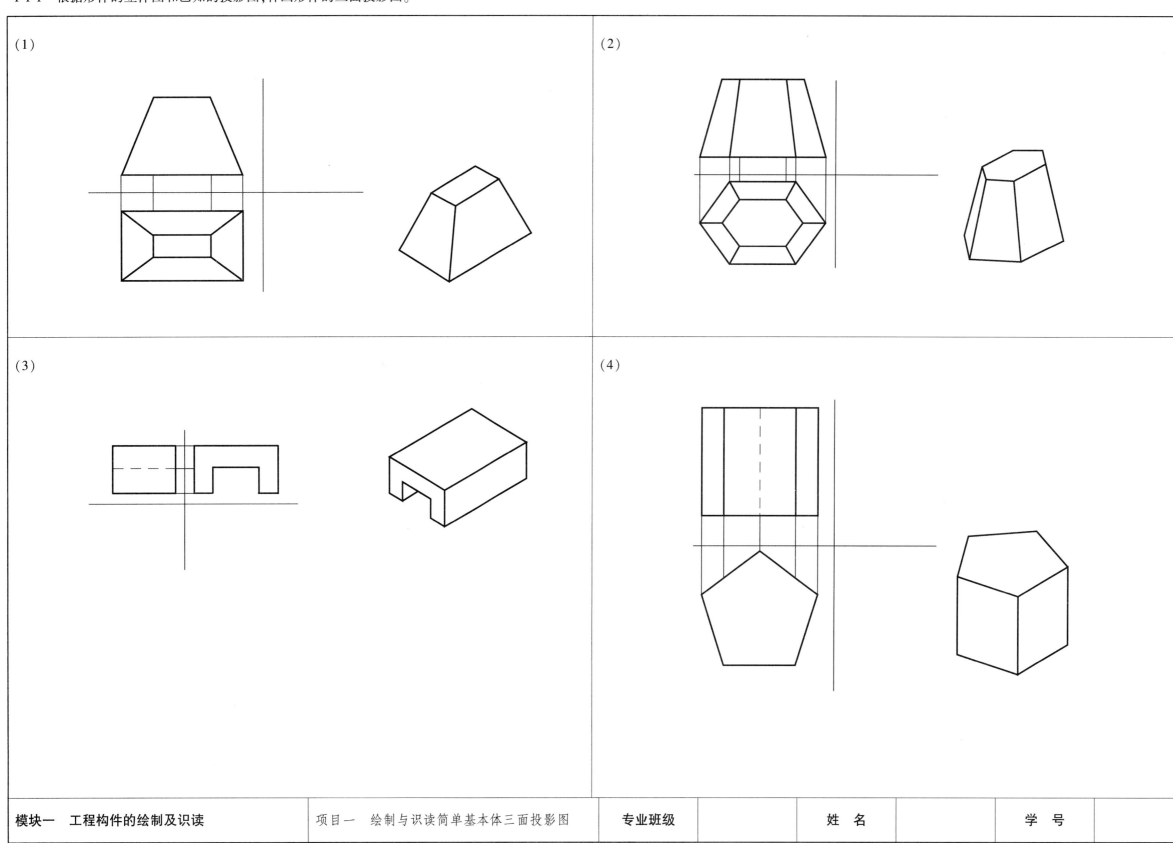

| 模块一 工程构件的绘制及识读 | 项目一 绘制与识读简单基本体三面投影图 | 专业班级 | | 姓 名 | | 学 号 | |

1-1-2 根据形体的立体图,完成形体的三面投影图。

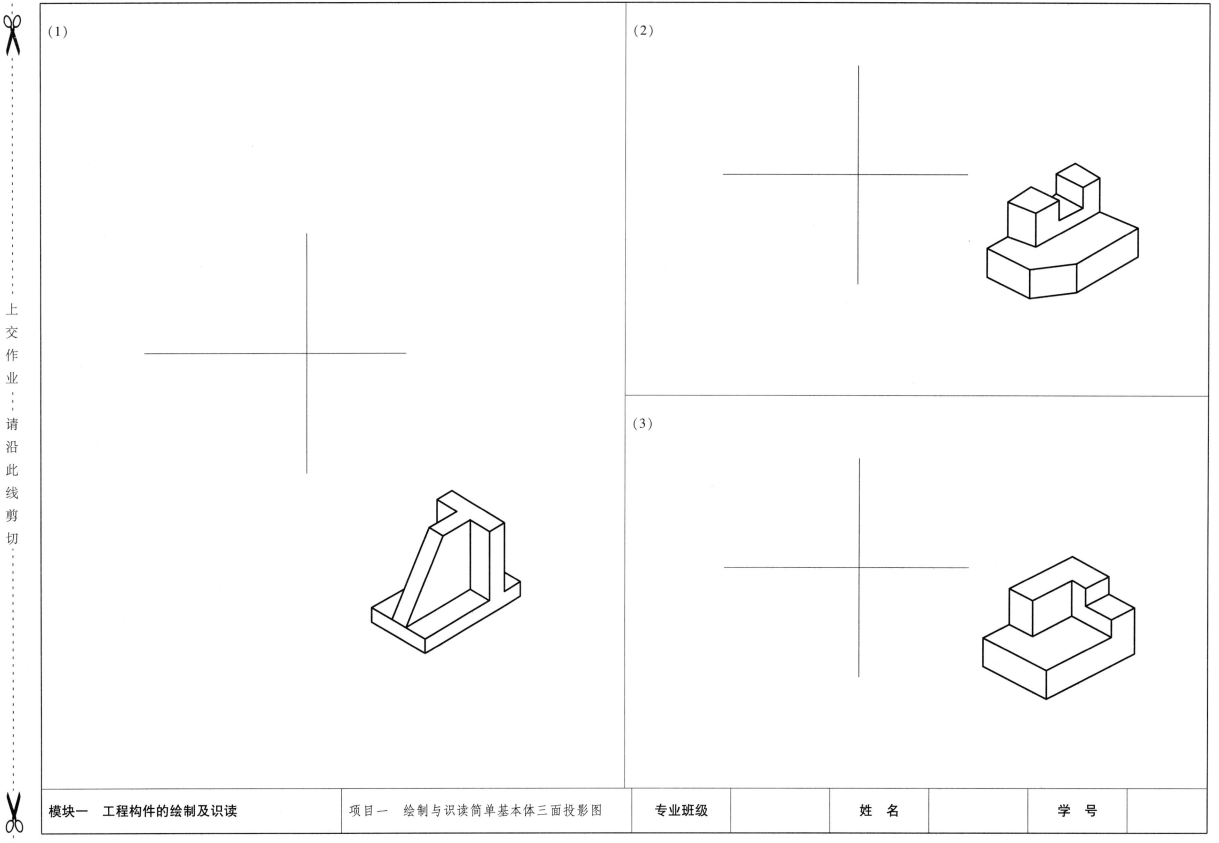

| 模块一 工程构件的绘制及识读 | 项目一 绘制与识读简单基本体三面投影图 | 专业班级 | | 姓　名 | | 学　号 | |

1-1-2 根据形体的立体图,完成形体的三面投影图。

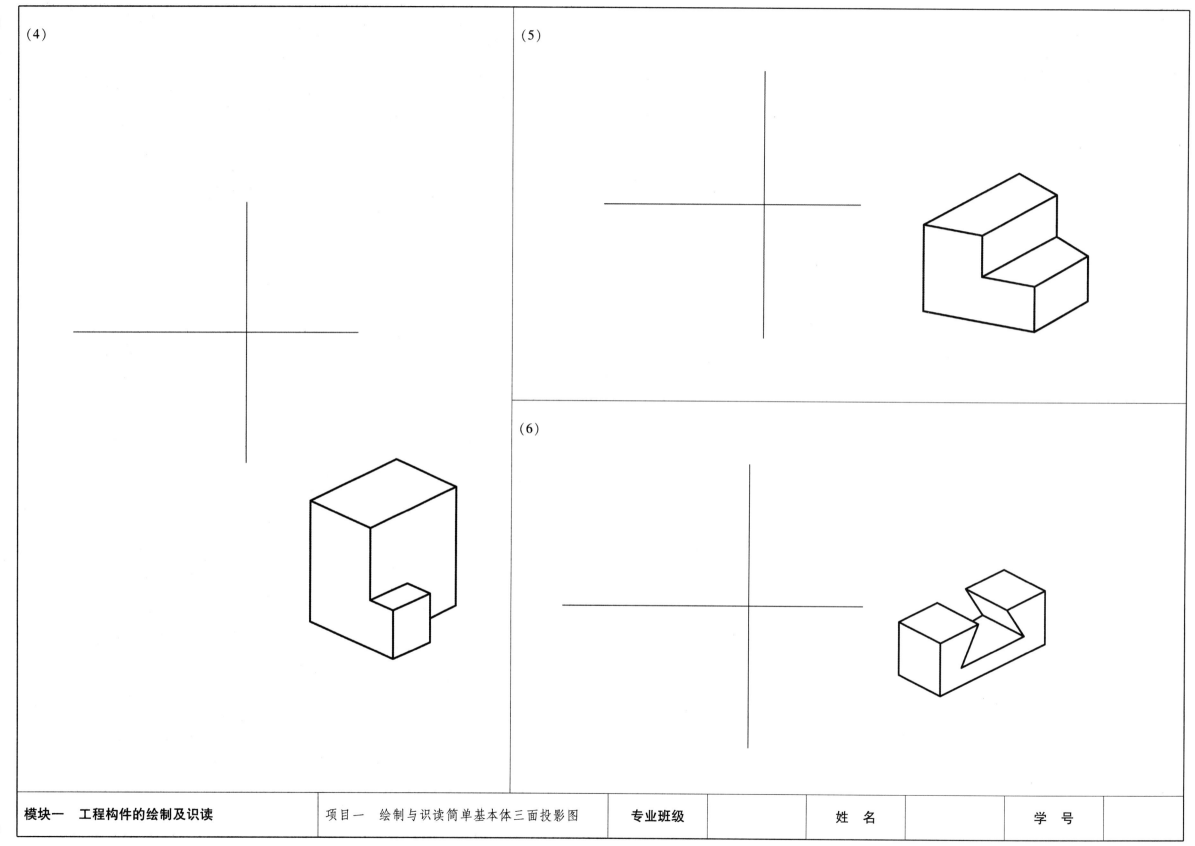

1-1-2 根据形体的立体图,完成形体的三面投影图。

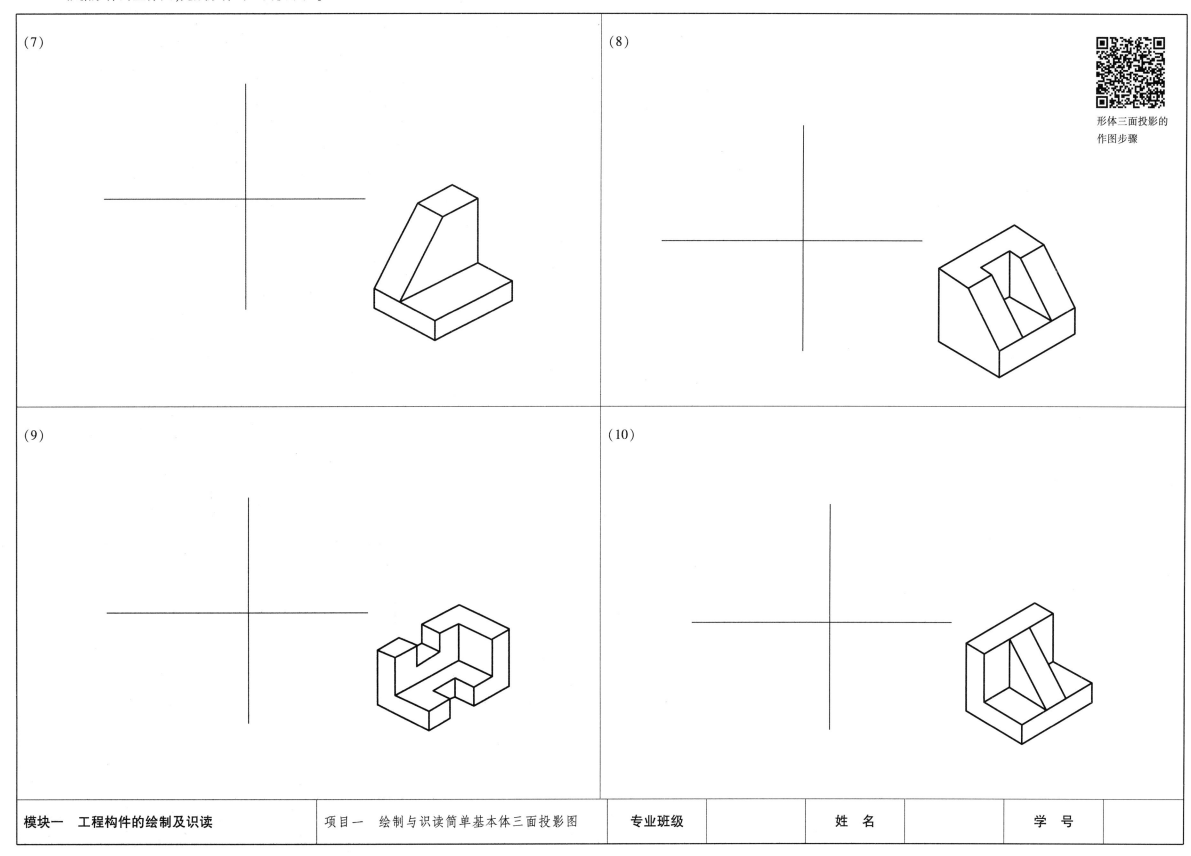

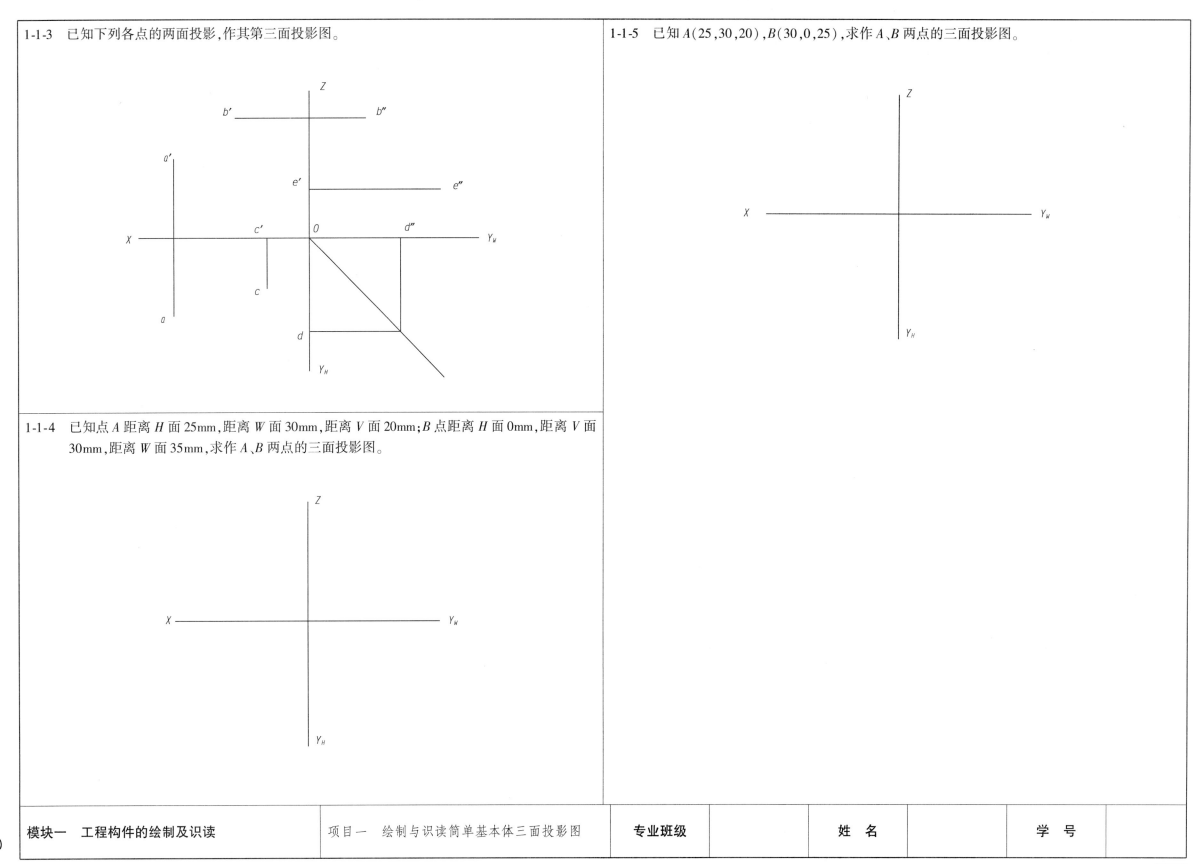

1-1-6 根据点的立体图,完成其三面投影图。

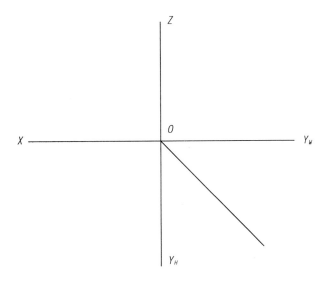

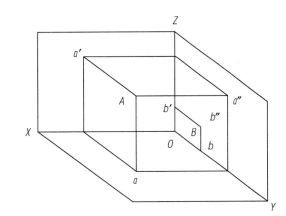

1-1-7 已知 A、B 两点同高,B 点在 A 点左侧 10mm,A 点距 V 面的距离为 15mm,B 点距 V 面的距离为 20mm,求 A、B 两点的三面投影图。

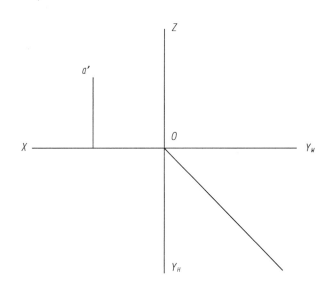

1-1-8 过 A 点作正垂线 AB,AB 长为 25mm,B 点在 A 点前方;过 C 点作正平线 CD,CD 长为 25mm,D 点比 C 点高 10mm,D 点在 C 点右侧。

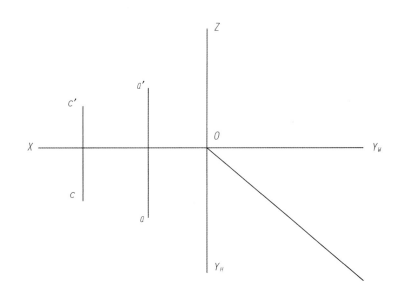

| 模块一 工程构件的绘制及识读 | 项目一 绘制与识读简单基本体三面投影图 | 专业班级 | | 姓 名 | | 学 号 | |

1-1-9 补出各线段的第三面投影,并标明是何种线段。

(1) _____线

(2) _____线

(3) _____线

(4) _____线

(5) _____线

(6) _____线

| 模块一 工程构件的绘制及识读 | 项目一 绘制与识读简单基本体三面投影图 | 专业班级 | | 姓　名 | | 学　号 | |

1-1-10 已知侧平线 AB 的实长是 30mm，与 V 面的倾角是 30°，B 点在 A 点后上方，求 AB 的三面投影图。

1-1-11 已知水平线 AB 的 H 面投影，且 AB 距 H 面 25mm，补全 AB 的三面投影图。

1-1-12 在物体的三面投影图中，标出直线 AB、CD、EF 的三面投影，并判断它们与投影面的相对位置。

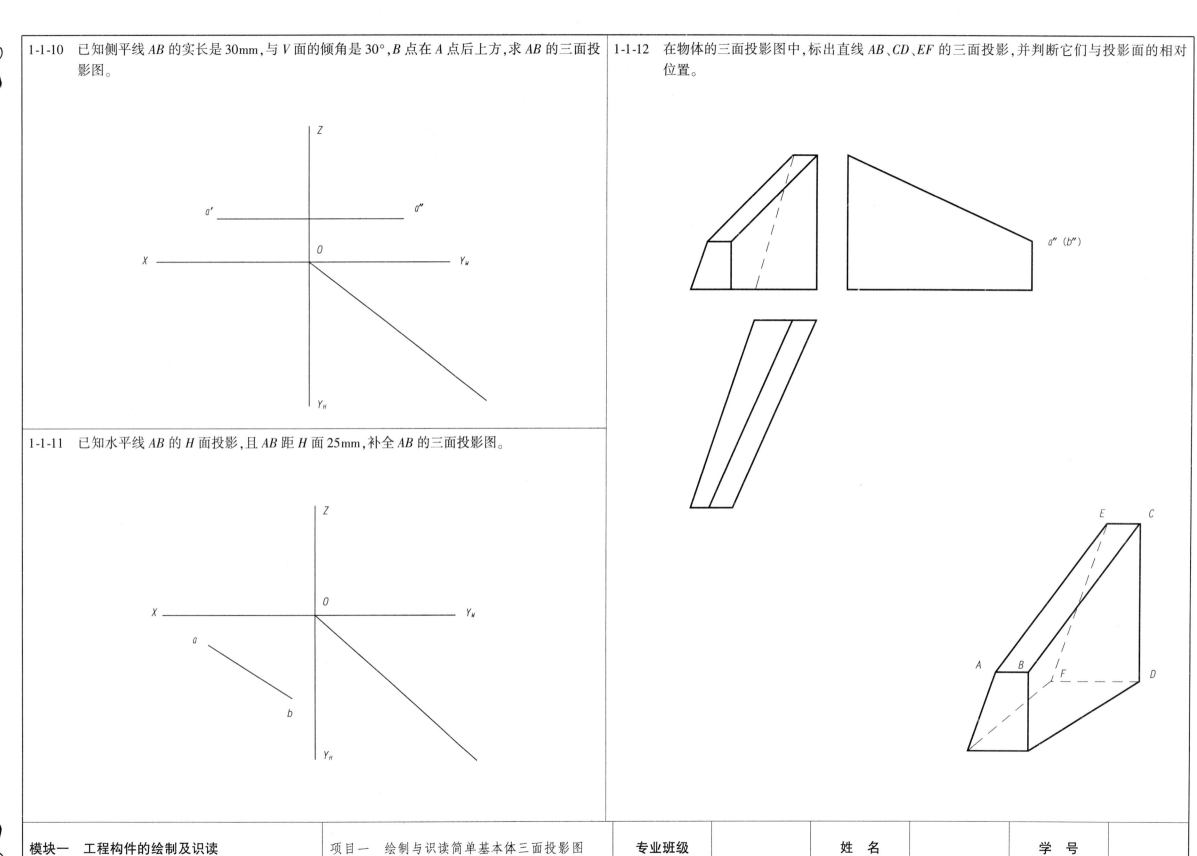

| 模块一 工程构件的绘制及识读 | 项目一 绘制与识读简单基本体三面投影图 | 专业班级 | 姓　名 | 学　号 |

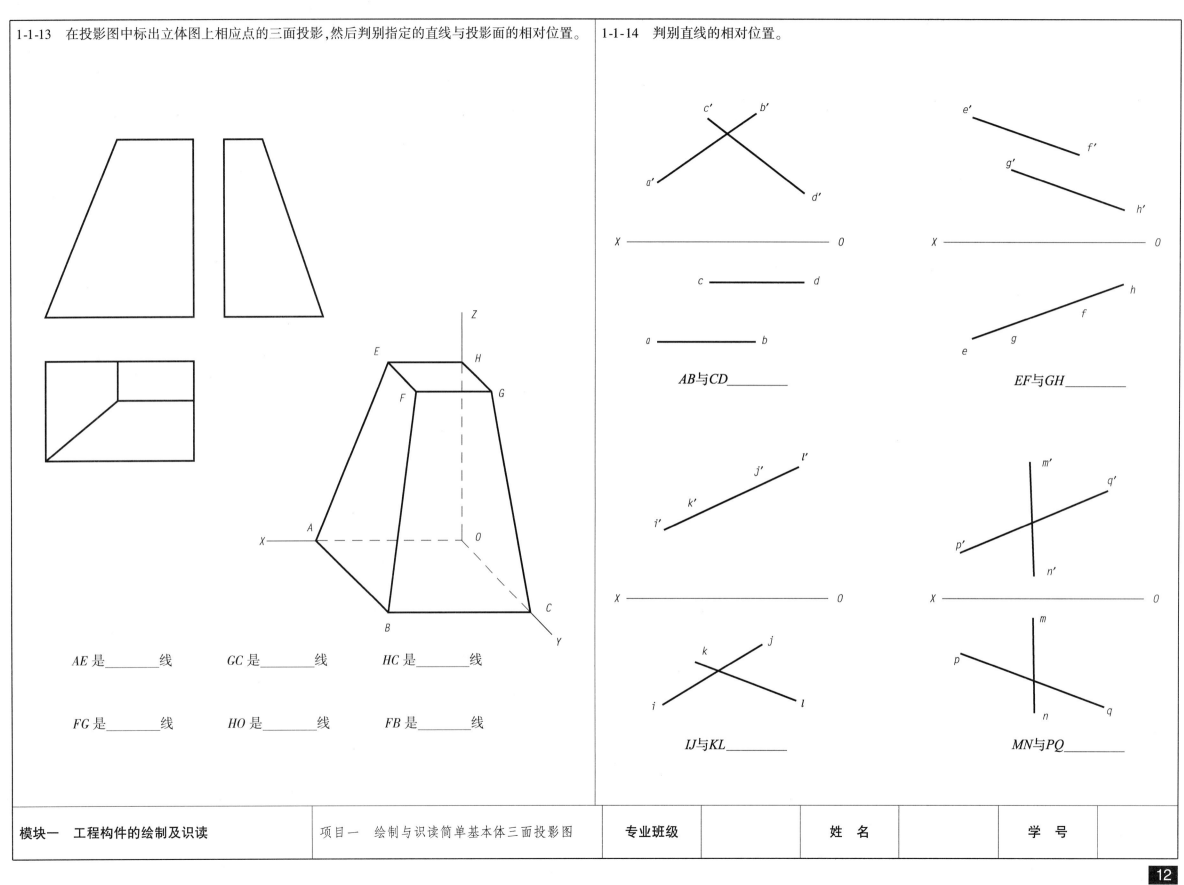

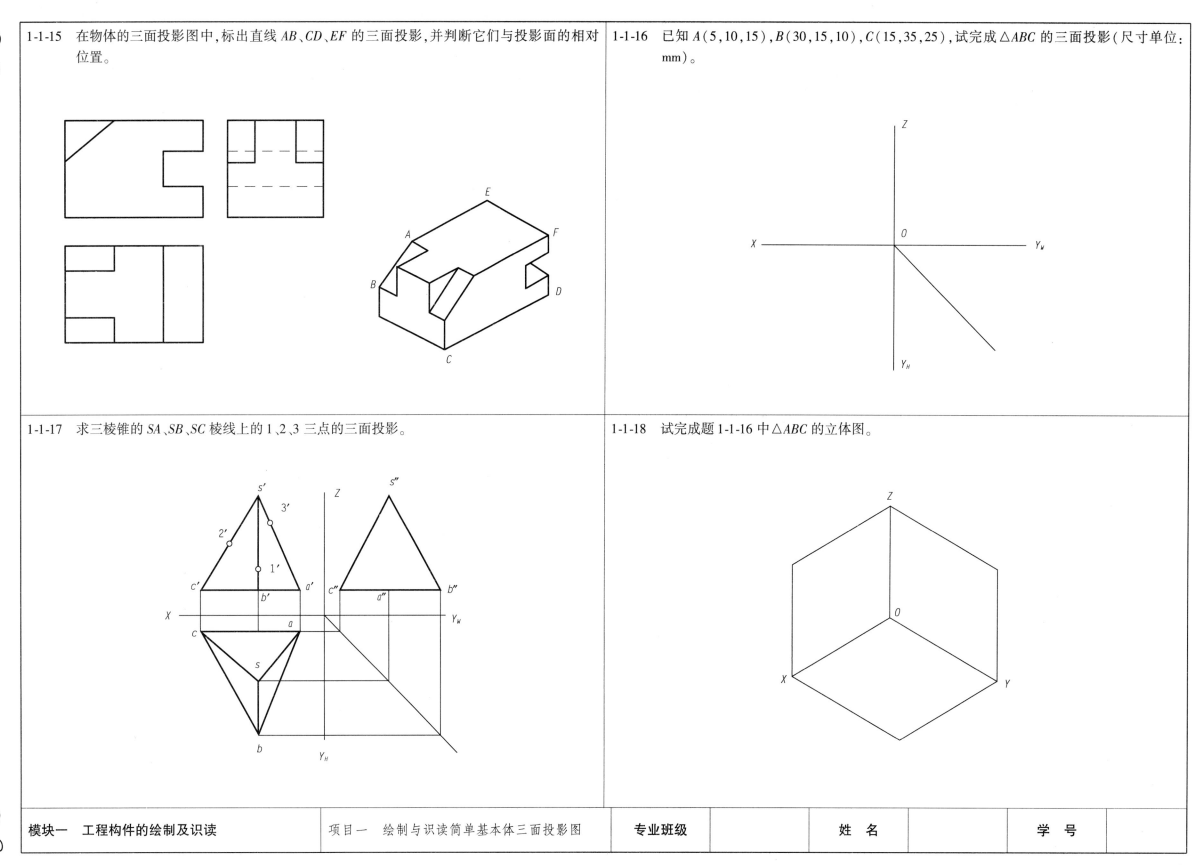

1-1-19 补绘各平面的第三面投影,并注明平面类型。

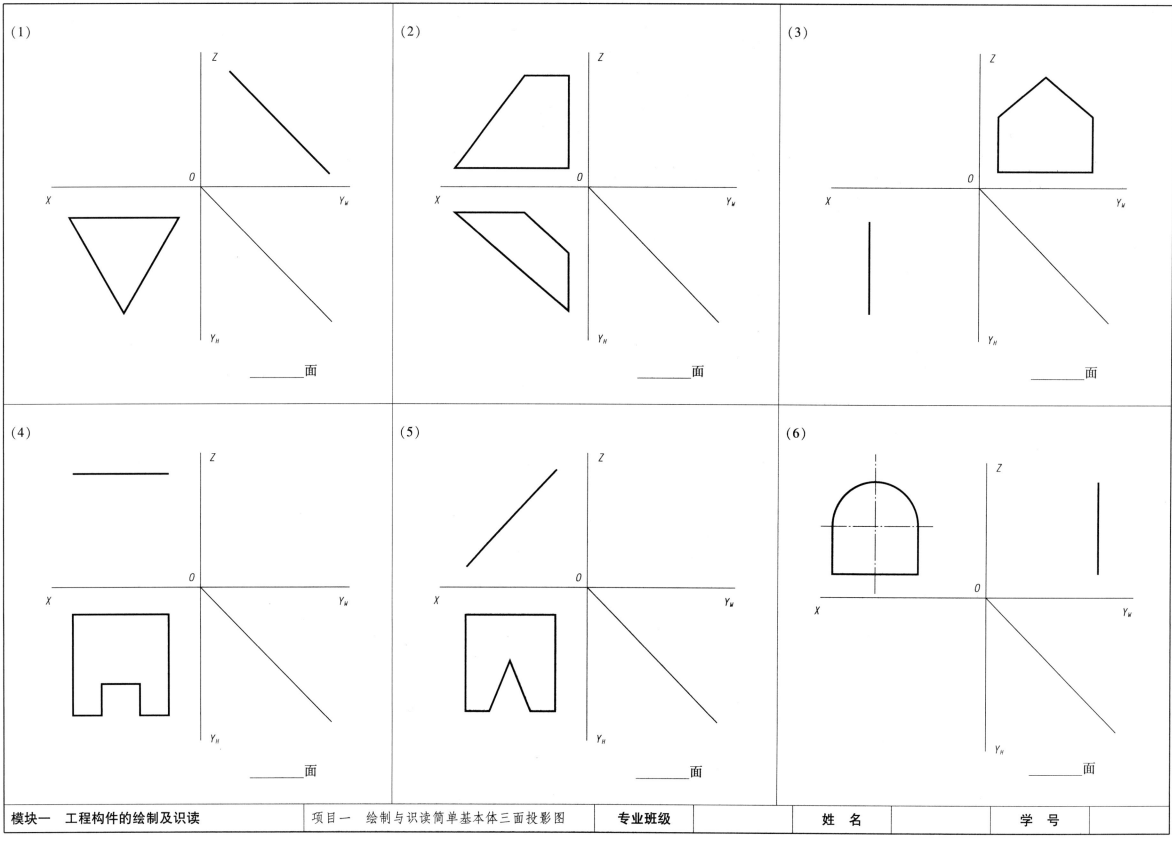

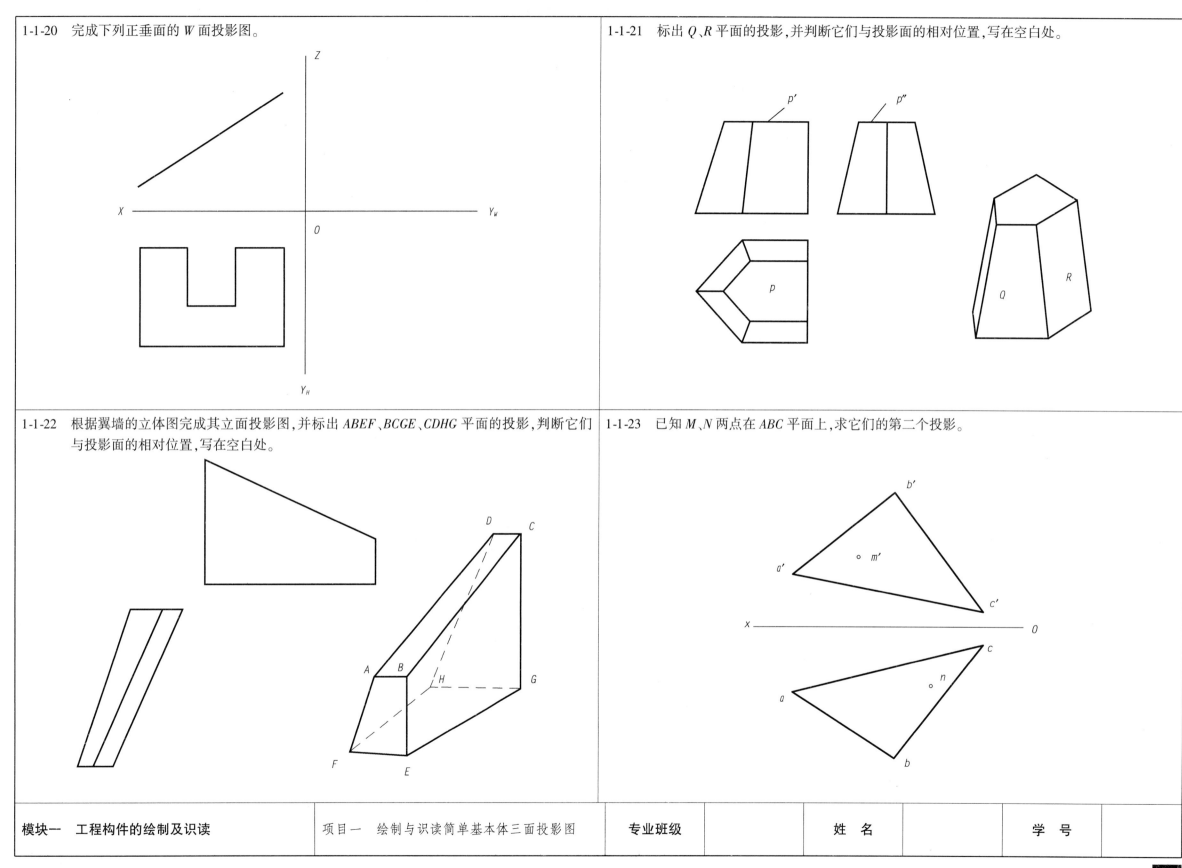

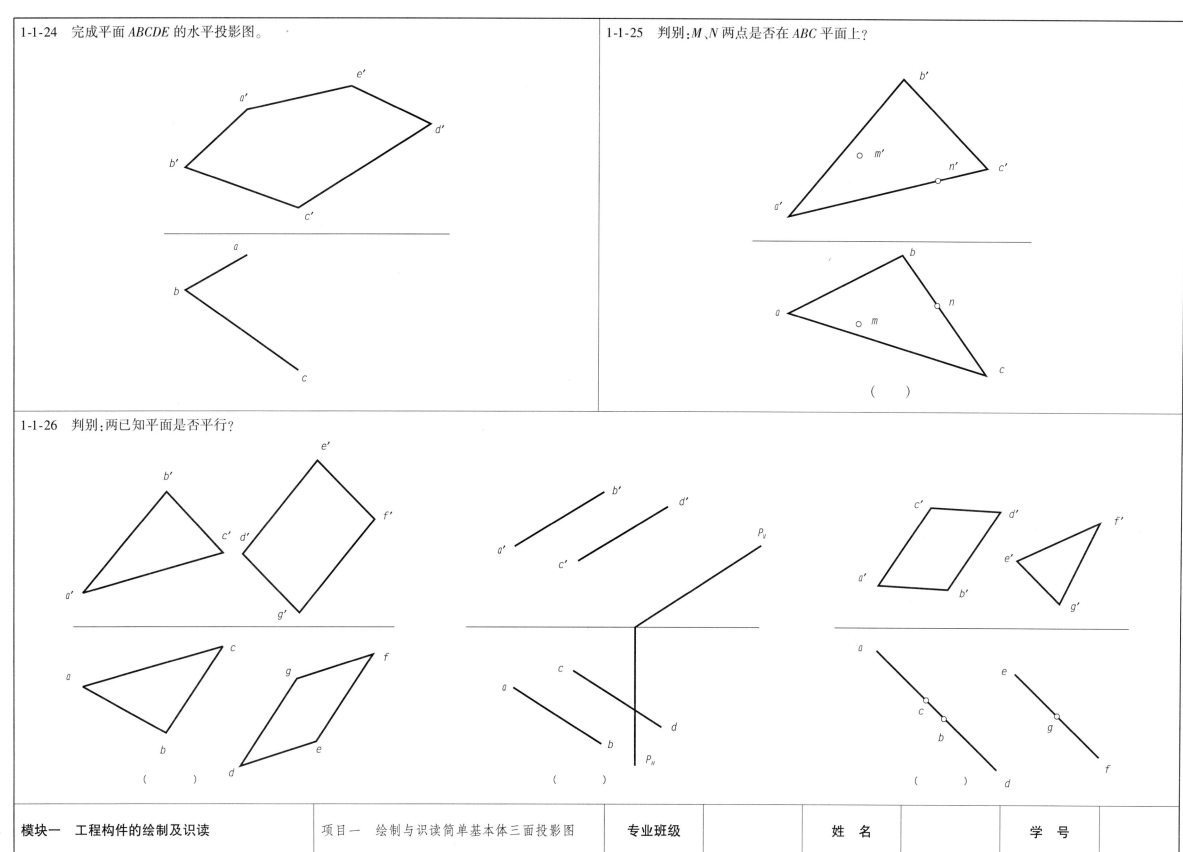

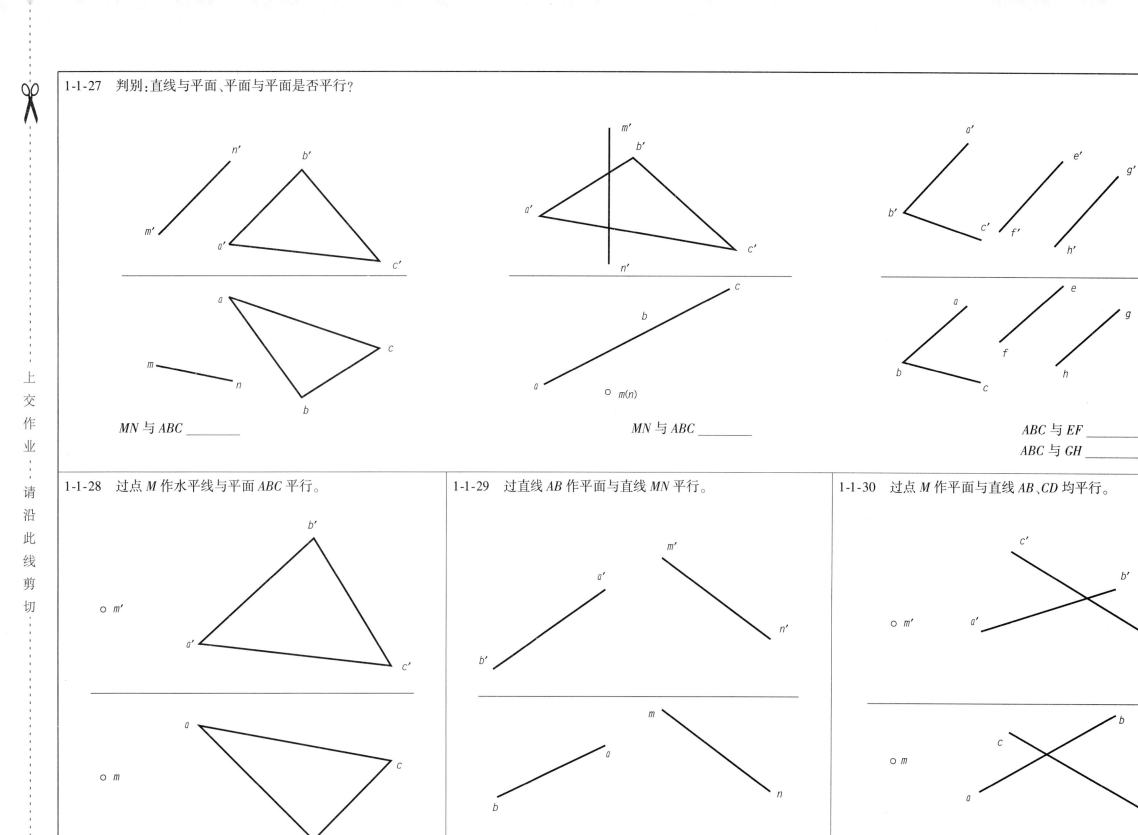

1-1-31 求直线与平面的交点 K，并判断可见性，写在空白处。

1-1-32 求两平面的交线并判断可见性。

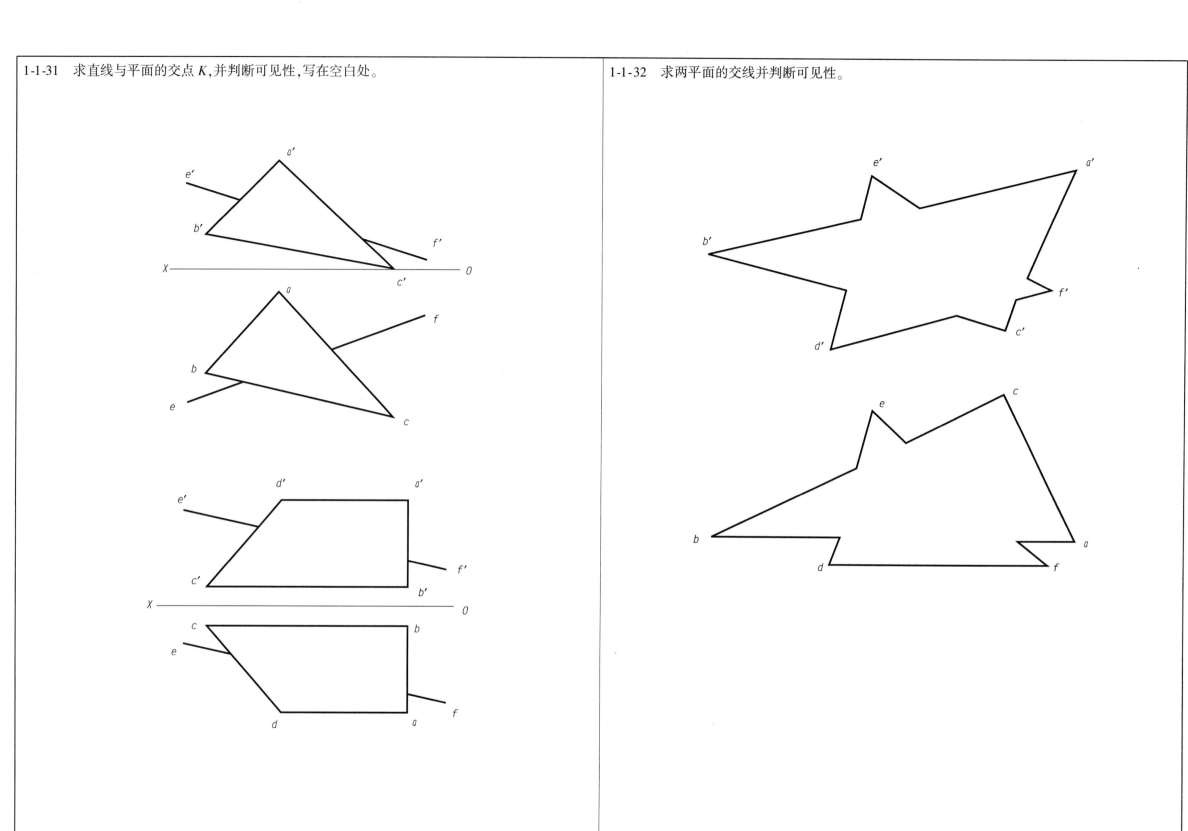

模块一　工程构件的绘制及识读　　项目一　绘制与识读简单基本体三面投影图　　专业班级　　姓　名　　学　号

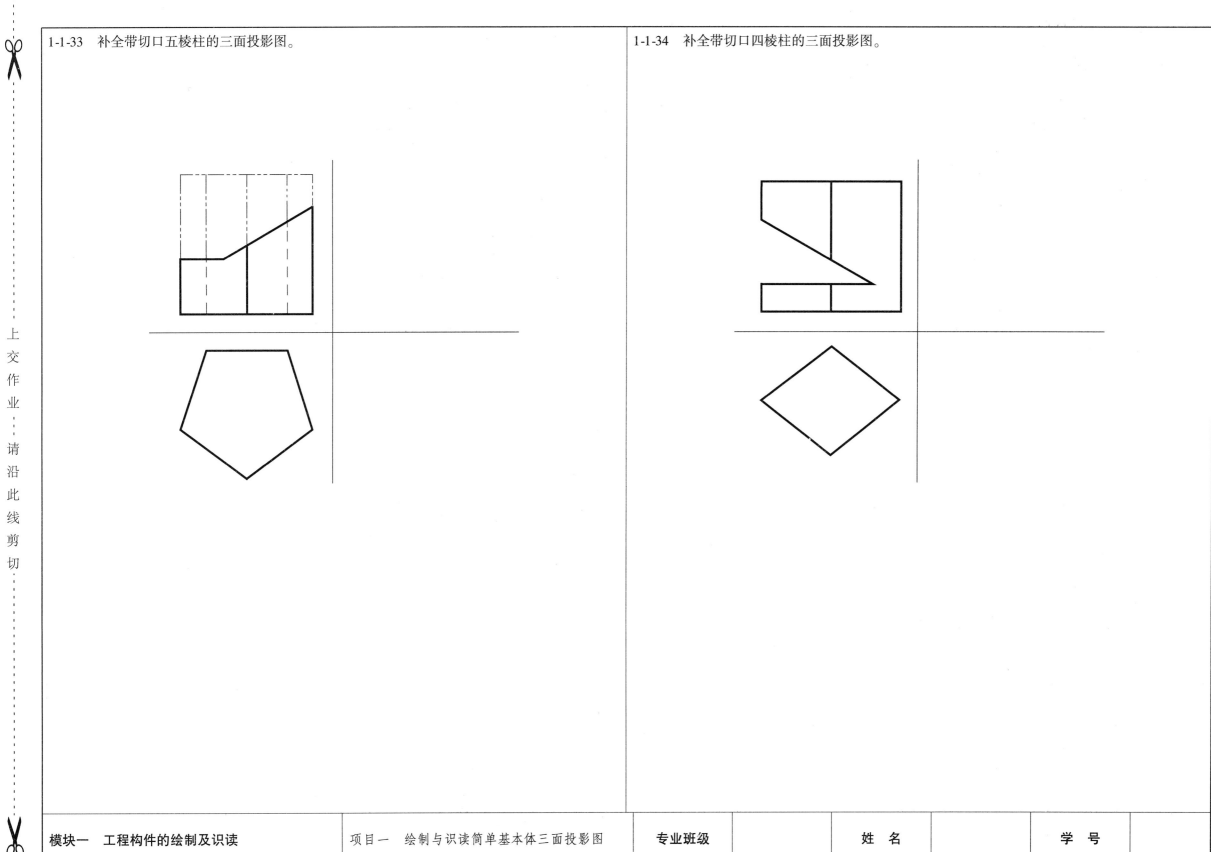

1-1-35　补全带切口四棱锥的三面投影图。

1-1-36　补全带切口圆柱的 W 面投影图。

| 模块一　工程构件的绘制及识读 | 项目一　绘制与识读简单基本体三面投影图 | 专业班级 | | 姓　名 | | 学　号 | |

1-1-37 补全带切口圆锥的三面投影图。

1-1-38 补全带切口圆柱的三面投影图。

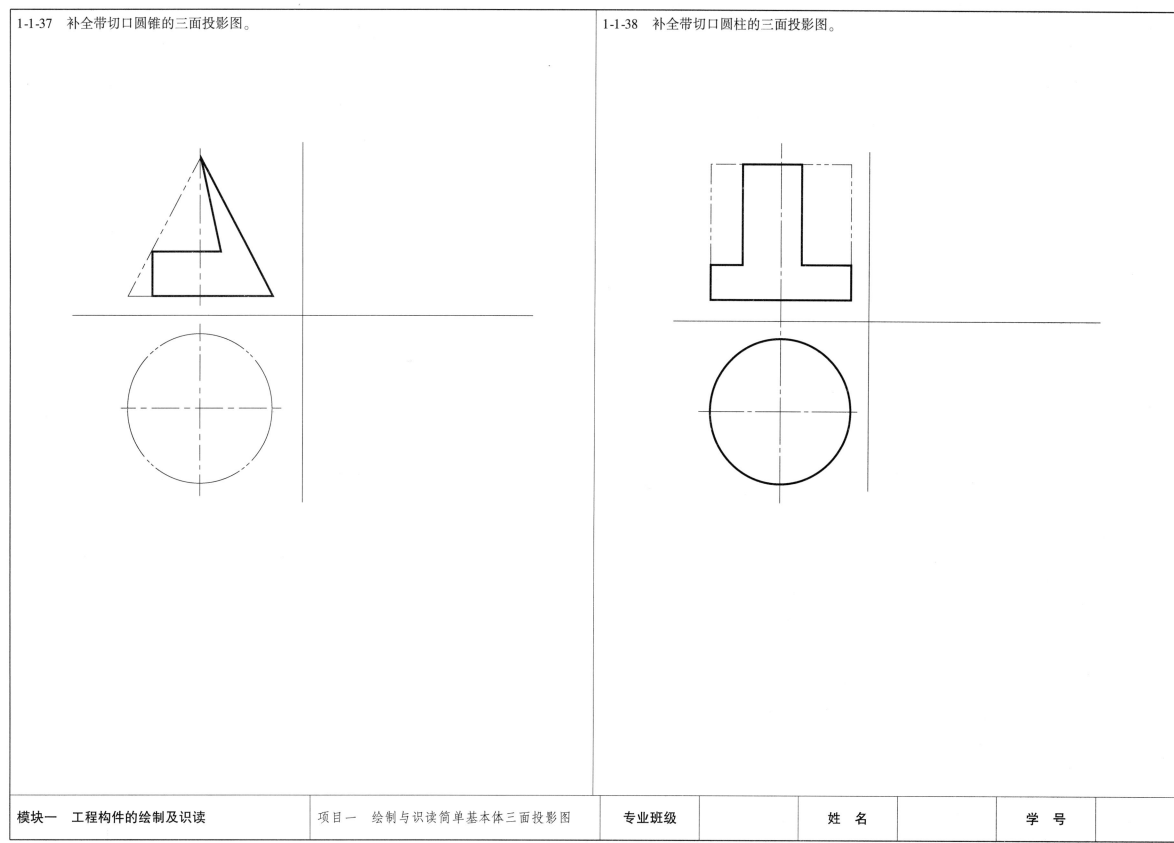

1-1-39 完成物体的正等轴测投影图。

(1)

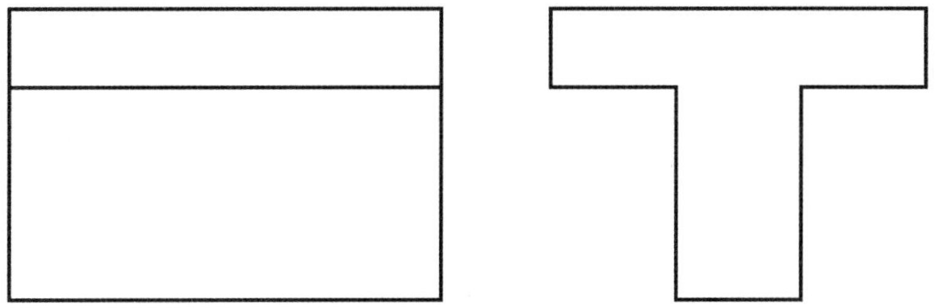

(2)

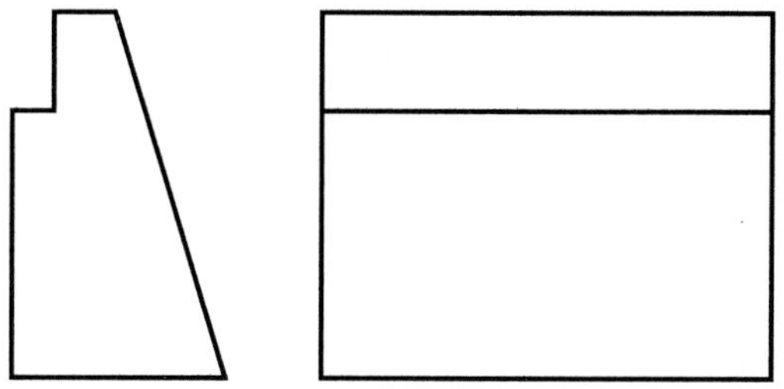

(3)

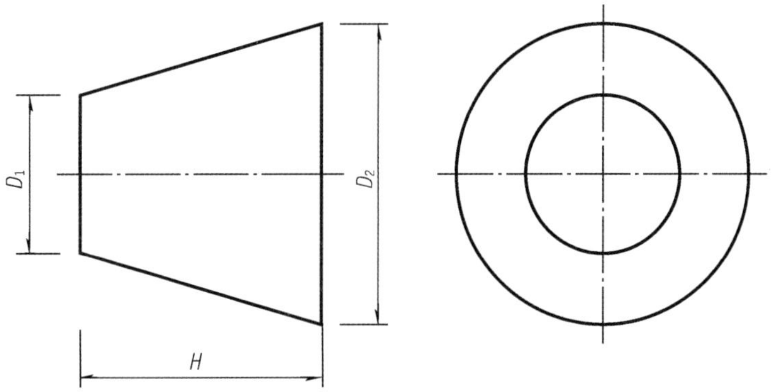

(4)

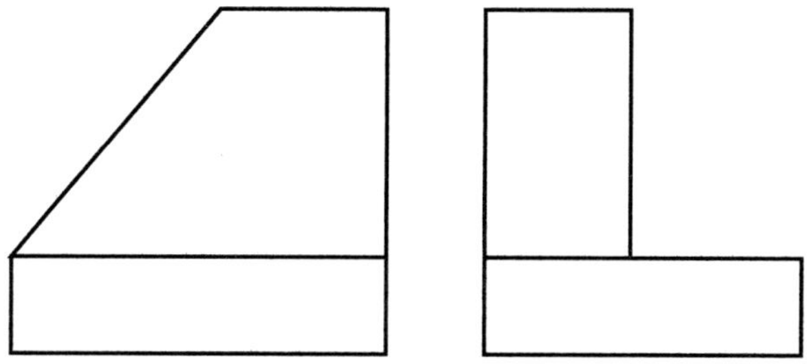

| 模块一 工程构件的绘制及识读 | 项目一 绘制与识读简单基本体三面投影图 | 专业班级 | | 姓　名 | | 学　号 | |

1-1-40 用简化系数绘制涵洞的斜二测图。

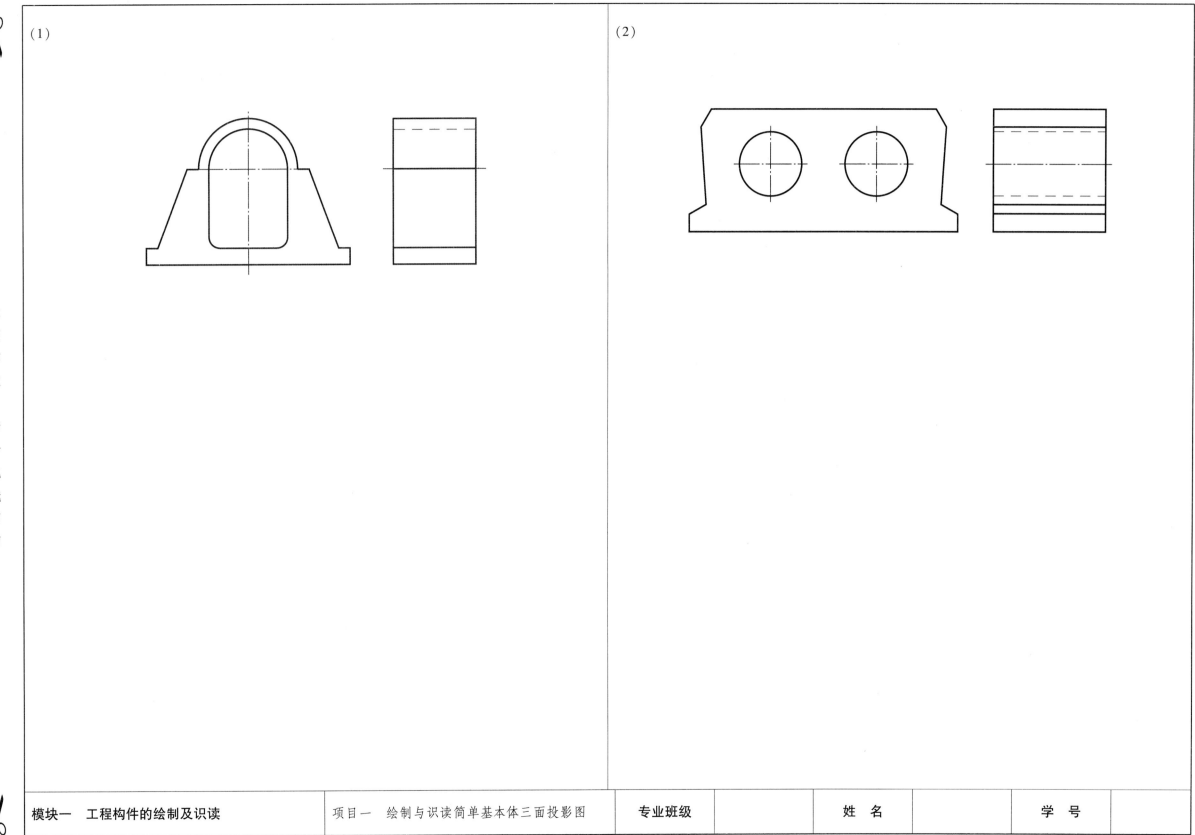

| 模块一 工程构件的绘制及识读 | 项目一 绘制与识读简单基本体三面投影图 | 专业班级 | | 姓 名 | | 学 号 | |

1-2-1 完成组合体的正等测图。

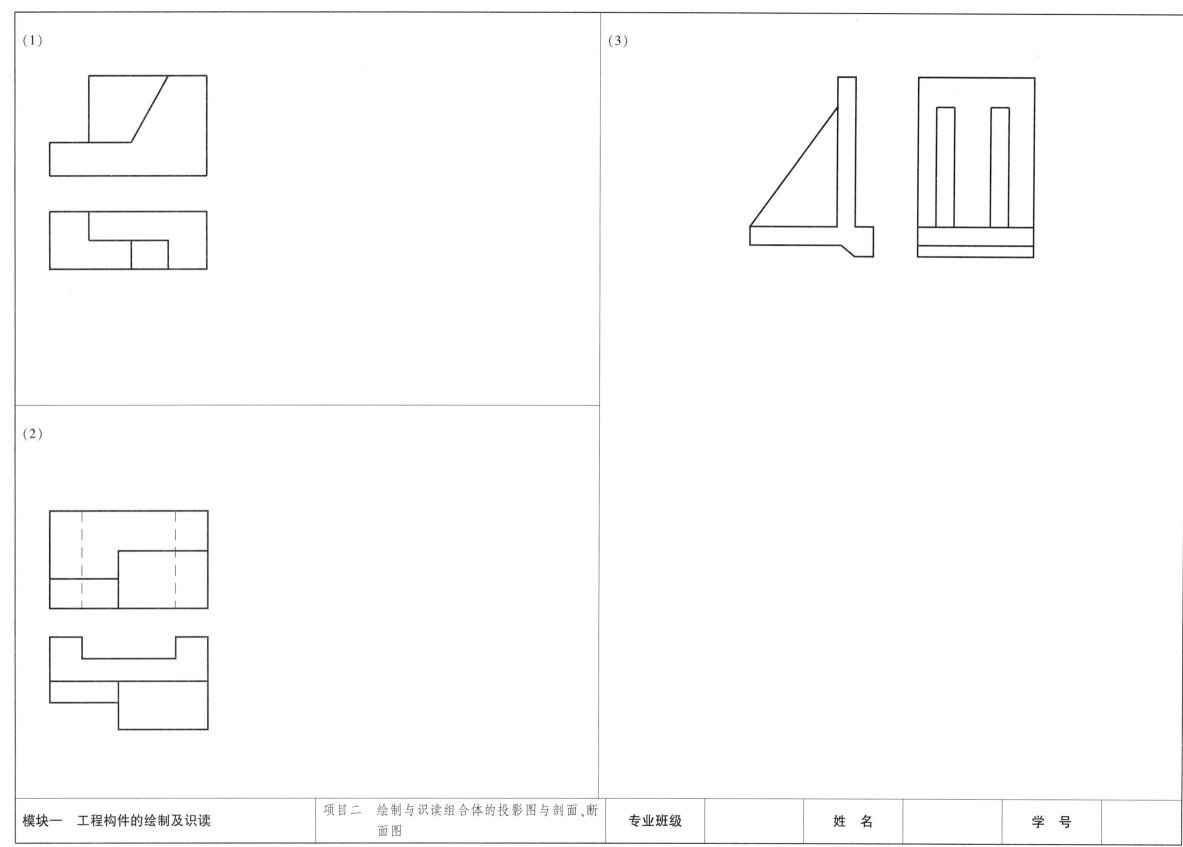

1-2-1 完成组合体的正等测图。

(4)

(5)

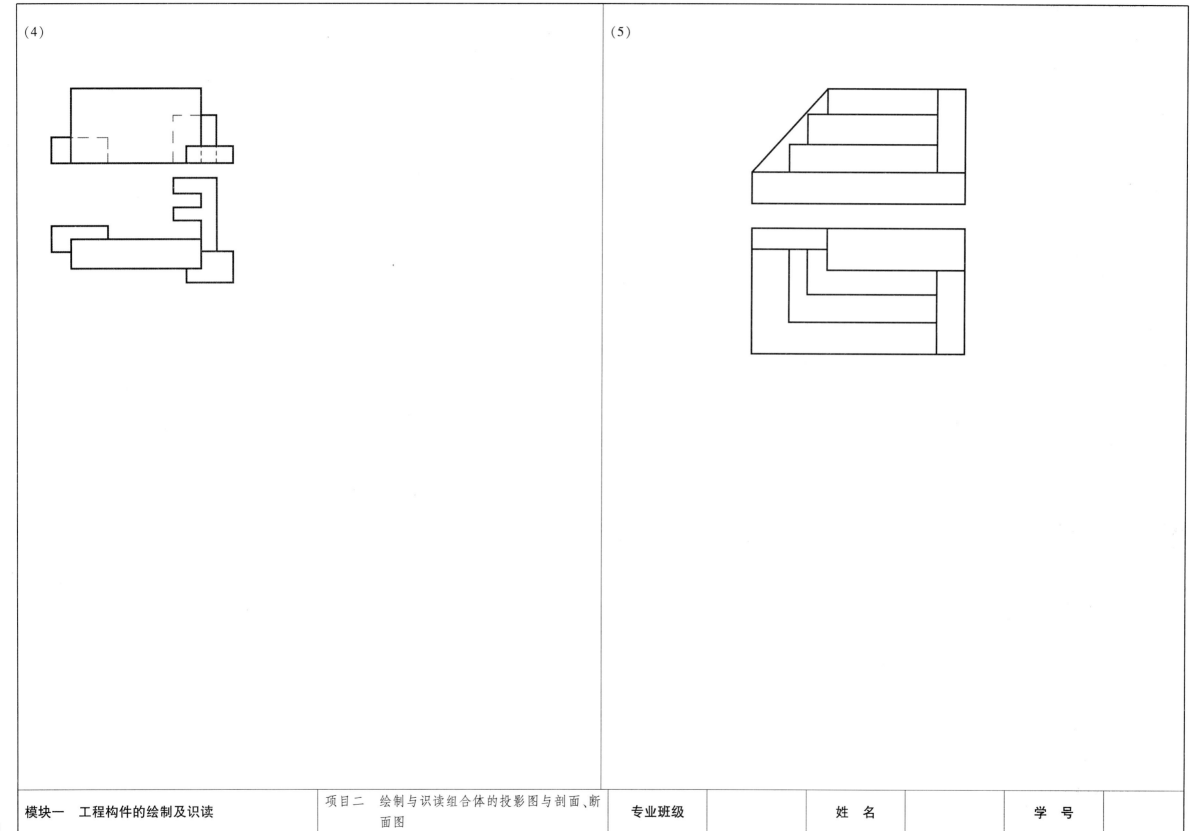

| 模块一　工程构件的绘制及识读 | 项目二　绘制与识读组合体的投影图与剖面、断面图 | 专业班级 | | 姓　名 | | 学　号 | |

1-2-2 完成组合体的斜二测图。

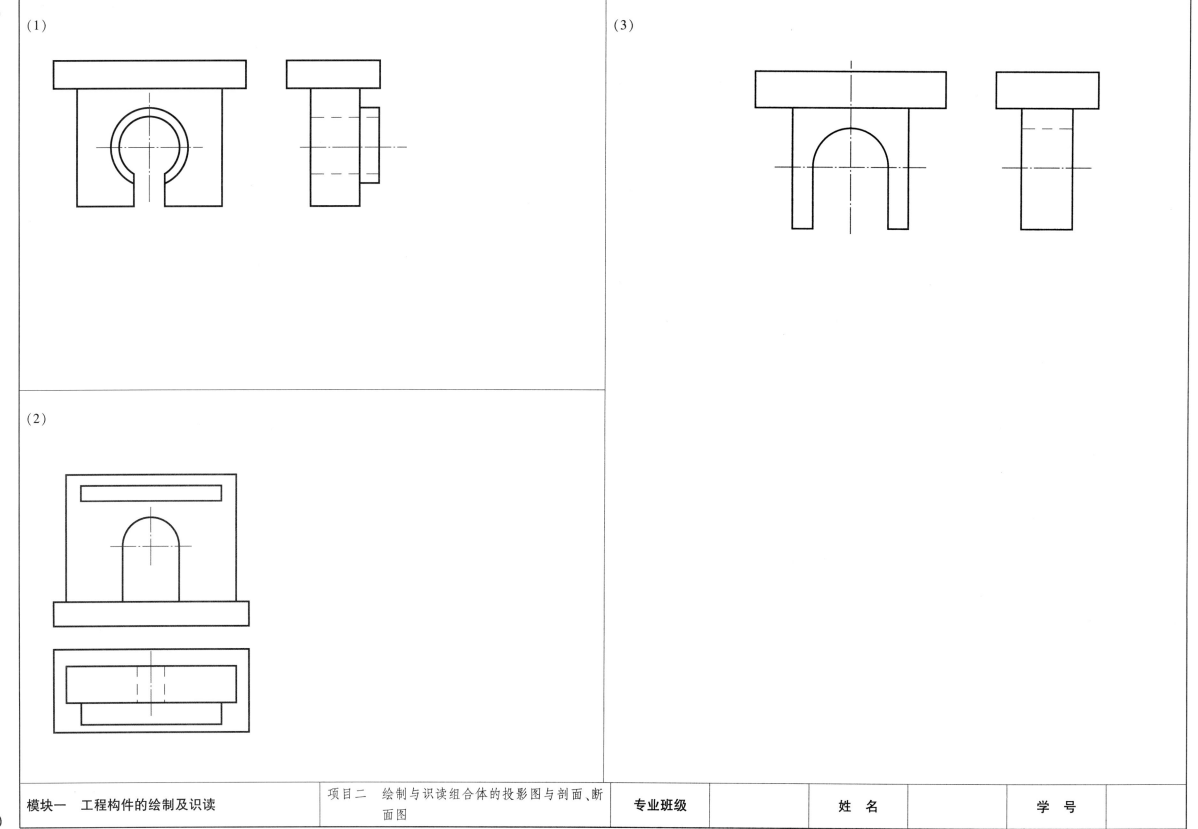

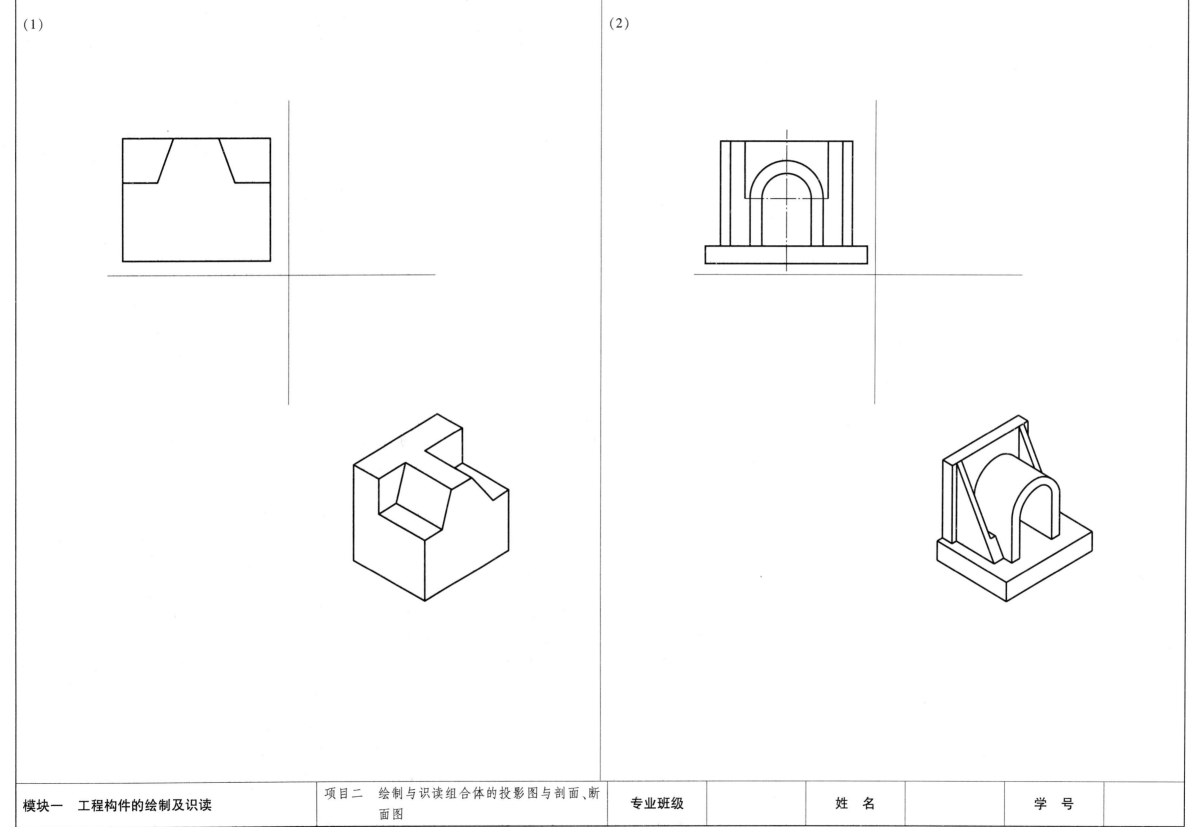

1-2-3 根据正等测图和所给视图,另一尺寸自定,补画其他视图。

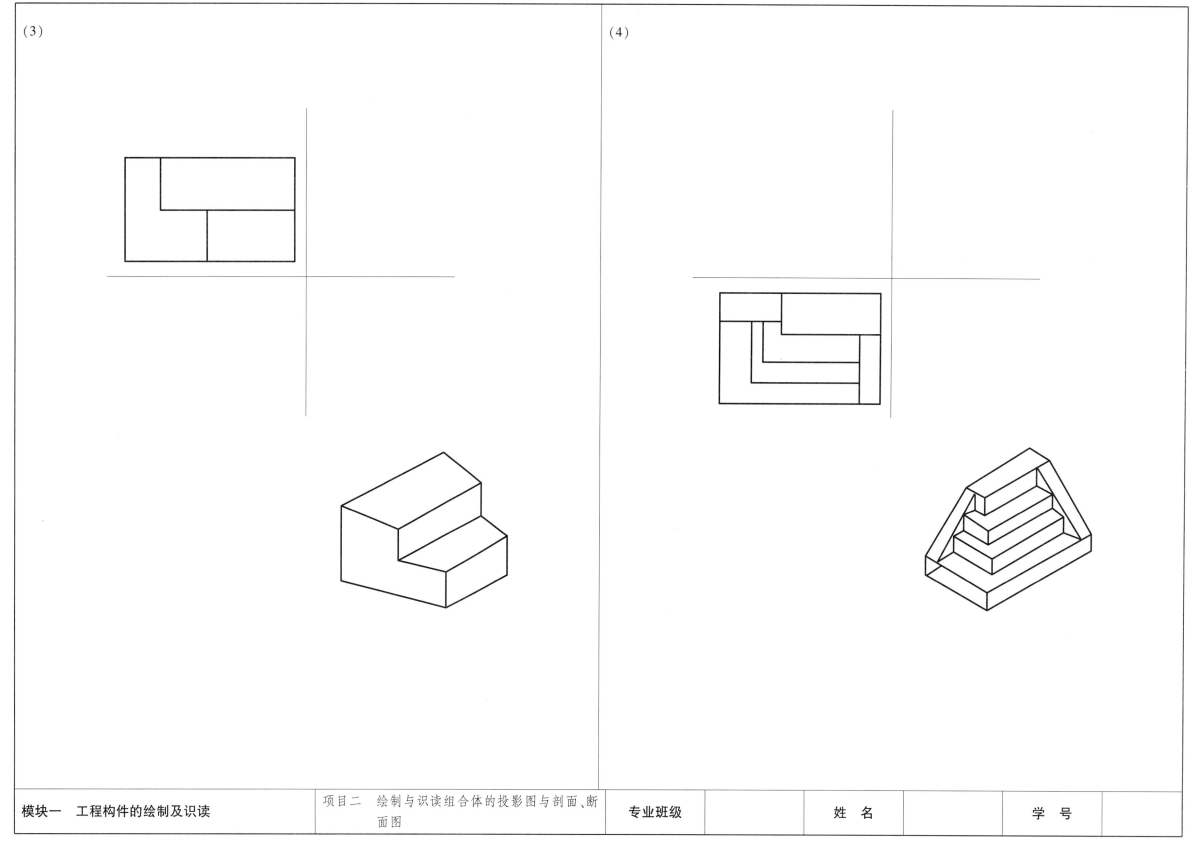

1-2-3 根据正等测图和所给视图,另一尺寸自定,补画其他视图。

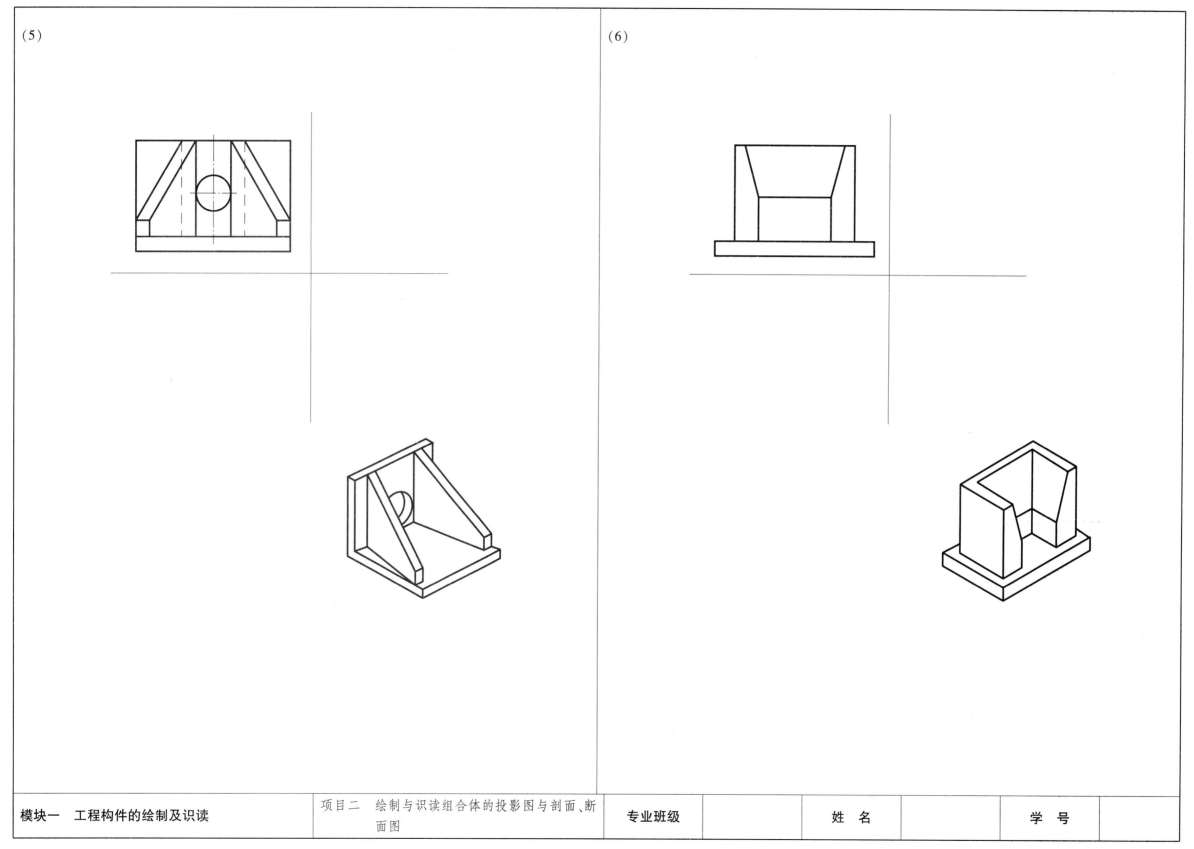

1-2-4 根据两面投影,补画第三面投影图。

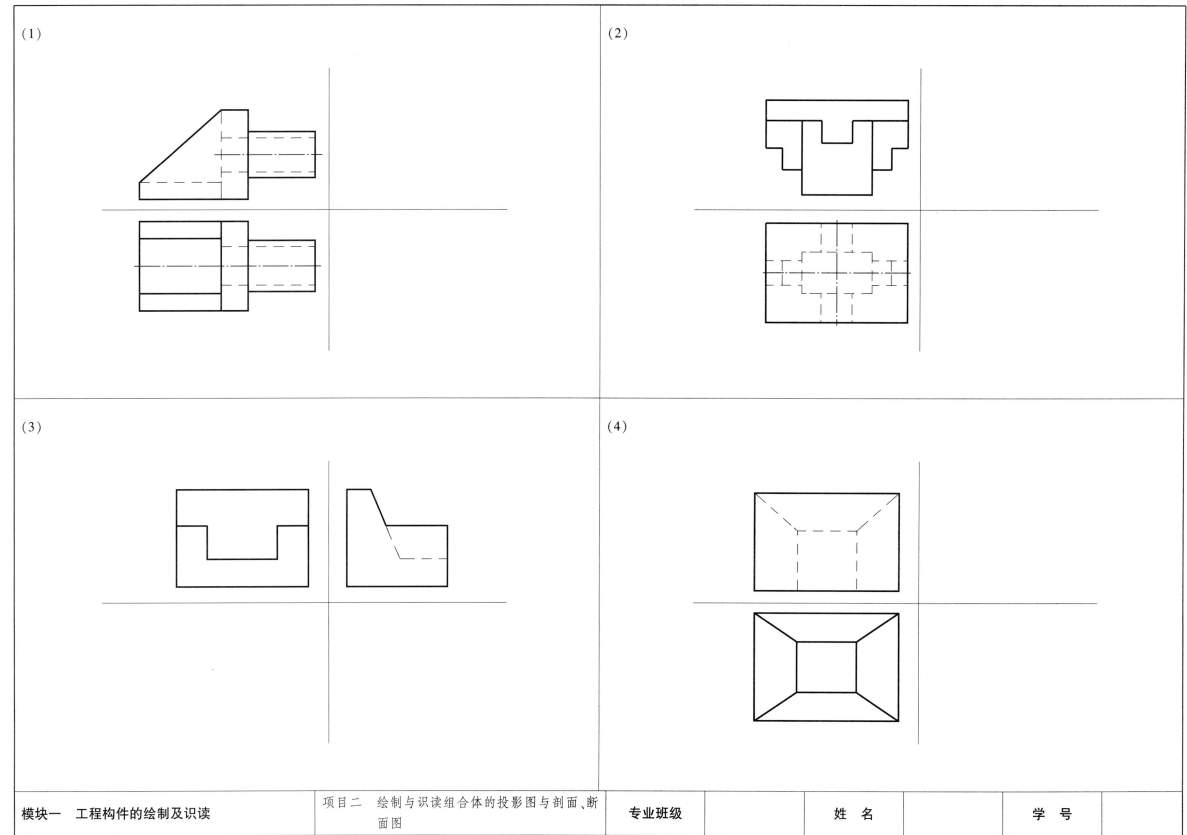

1-2-4 根据两面投影,补画第三面投影图。

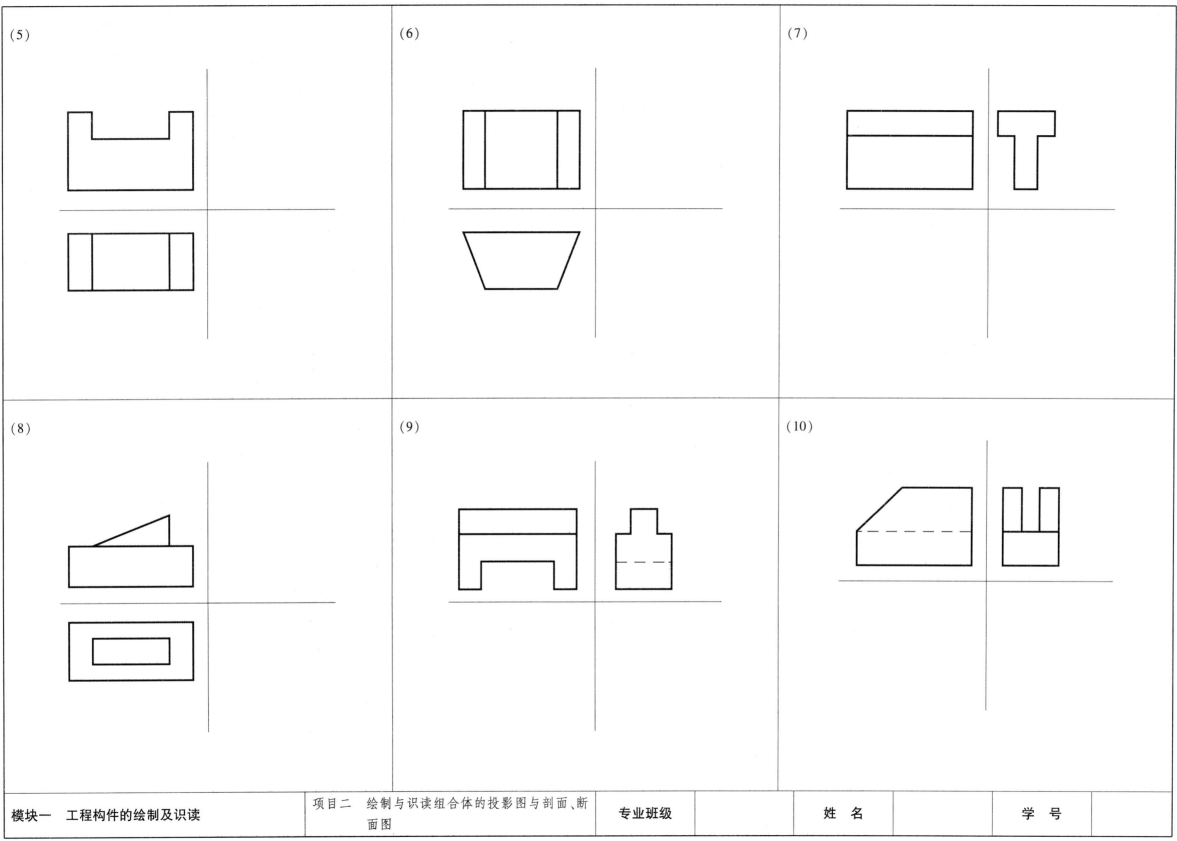

| 模块一 工程构件的绘制及识读 | 项目二 绘制与识读组合体的投影图与剖面、断面图 | 专业班级 | | 姓 名 | | 学 号 | |

1-2-4 根据两面投影,补画第三面投影图。

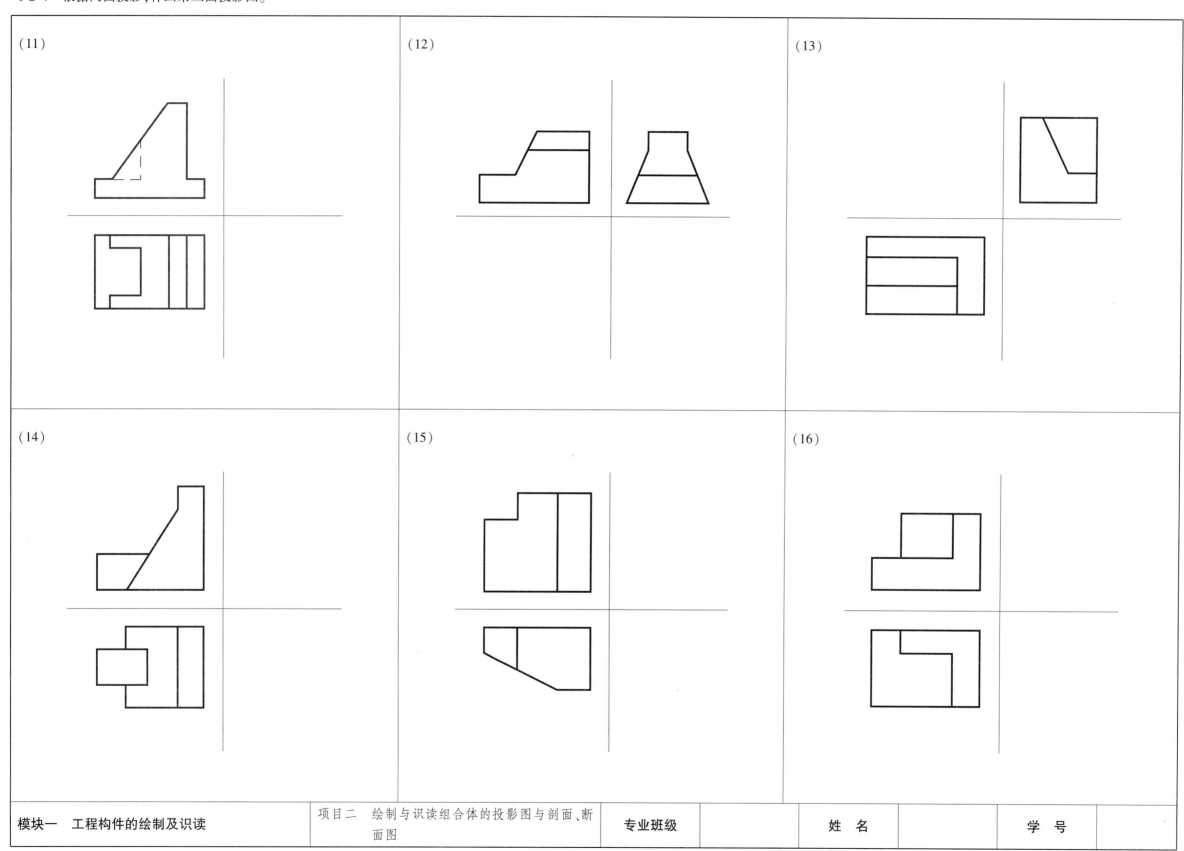

1-2-4 根据两面投影,补画第三面投影图。

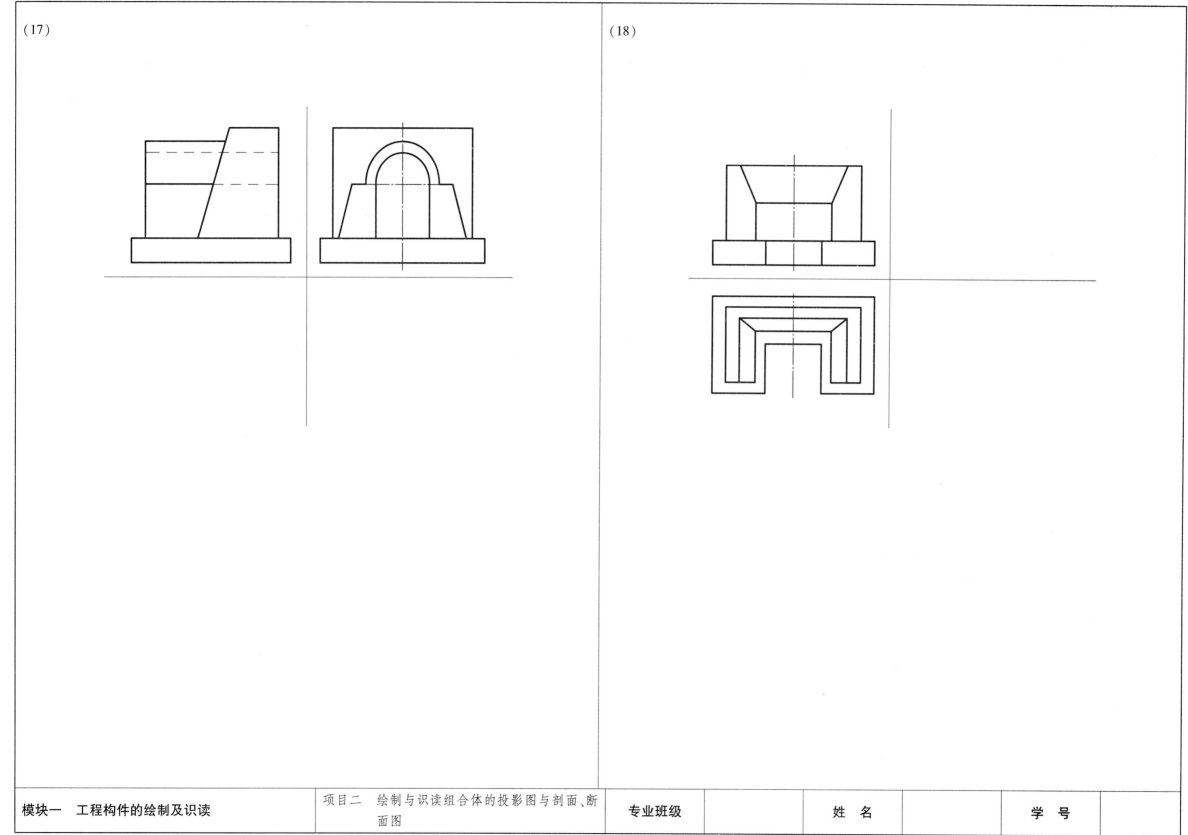

| 模块一 工程构件的绘制及识读 | 项目二 绘制与识读组合体的投影图与剖面、断面图 | 专业班级 | | 姓 名 | | 学 号 | |

1-2-5 补全下列投影图中所缺的图线。

(1)

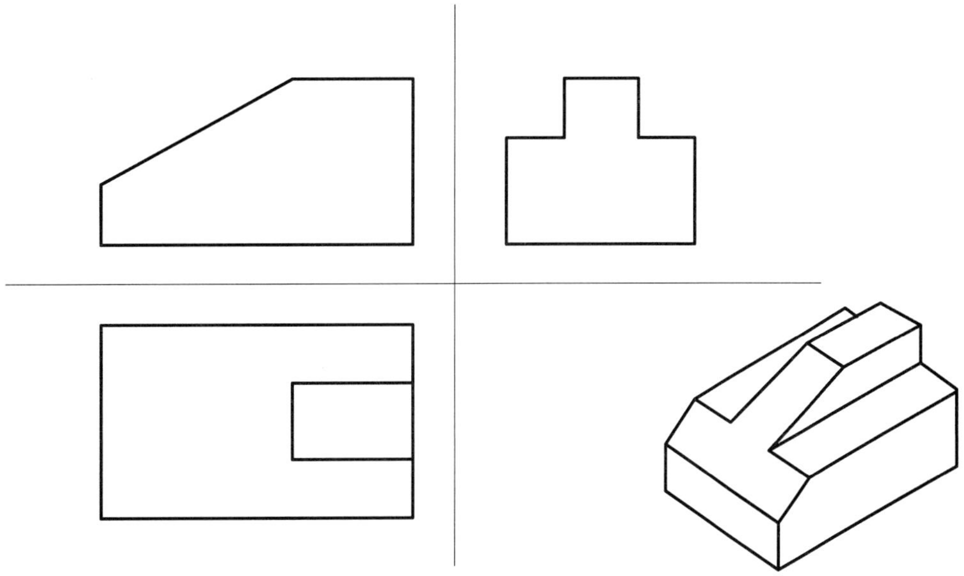

(2)

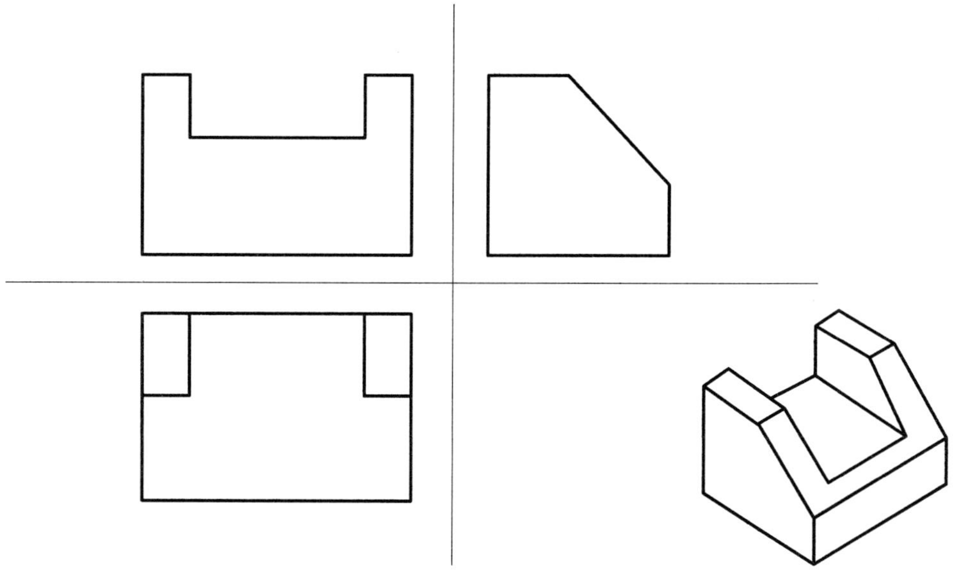

(3)

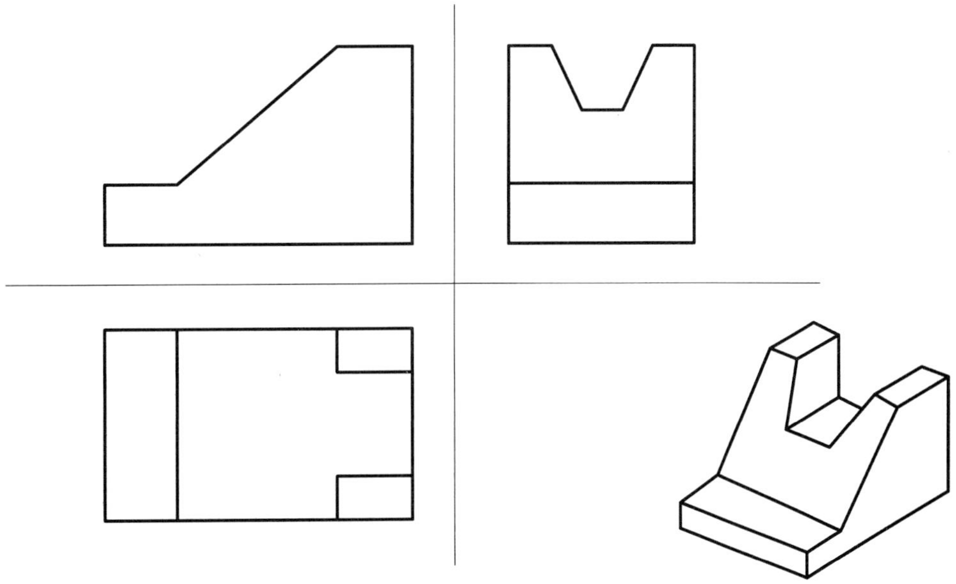

(4)

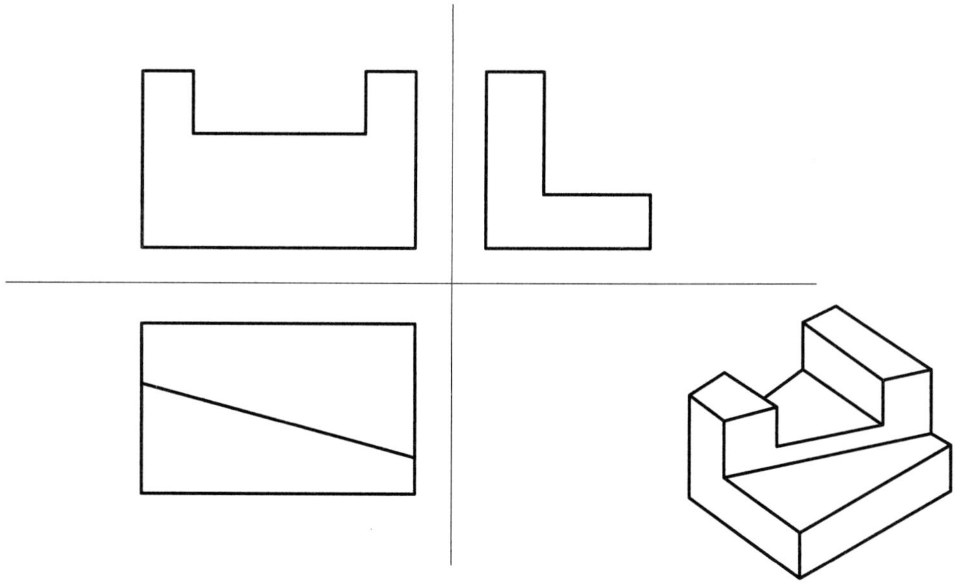

| 模块一 工程构件的绘制及识读 | 项目二 绘制与识读组合体的投影图与剖面、断面图 | 专业班级 | | 姓 名 | | 学 号 | |

上交作业 请沿此线剪切

1-2-5 补全下列投影图中所缺的图线。

(5)

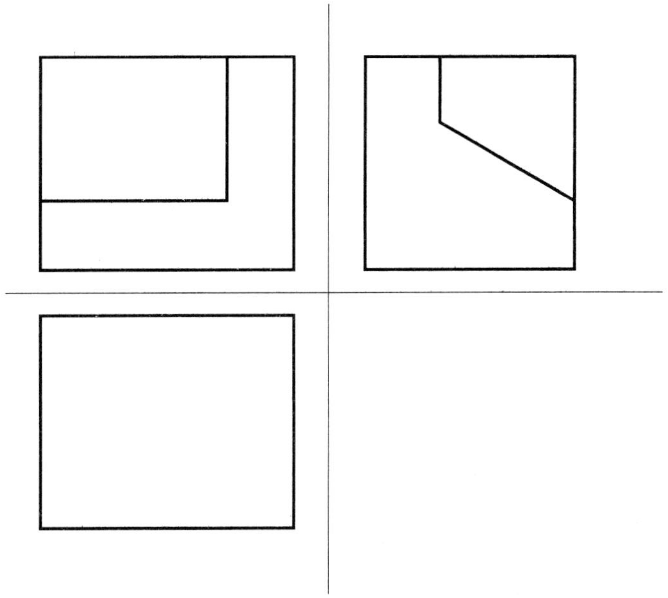

(6)

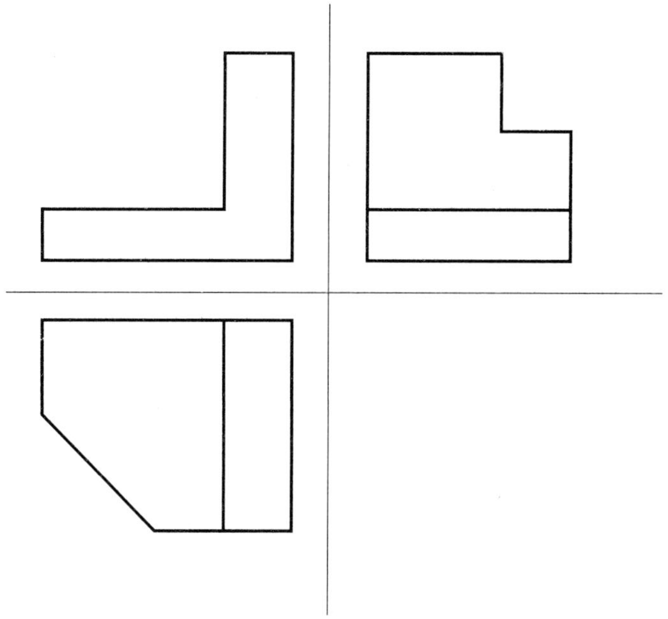

(7)

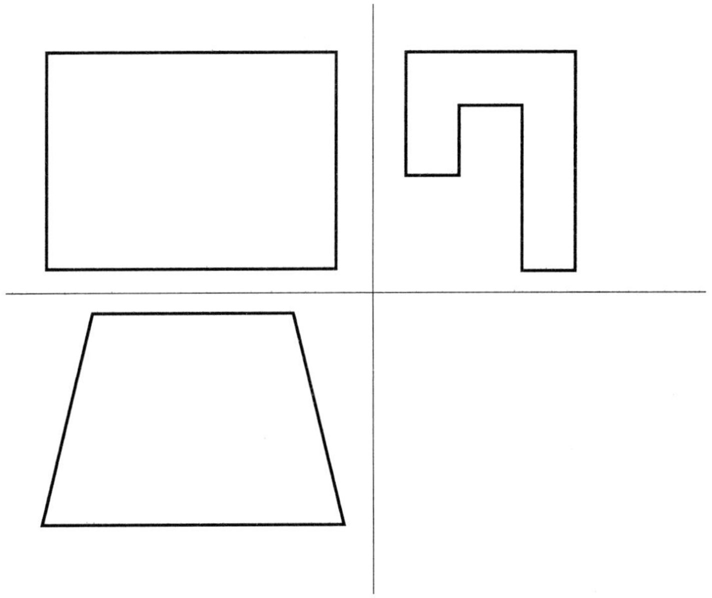

(8)

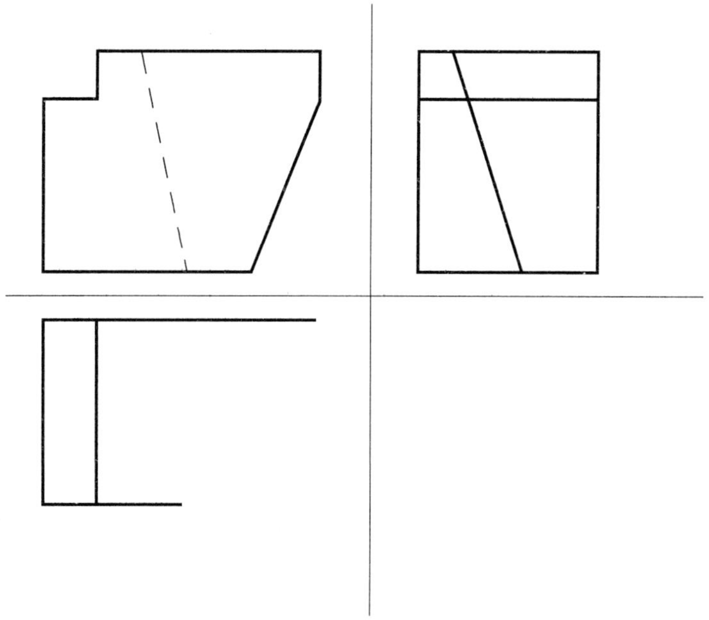

补全投影所缺图线作图步骤

模块一 工程构件的绘制及识读	项目二 绘制与识读组合体的投影图与剖面、断面图	专业班级		姓 名		学 号	

1-2-6 绘制物体的三面投影,并标注尺寸(尺寸单位:mm)。

(1)

(2)

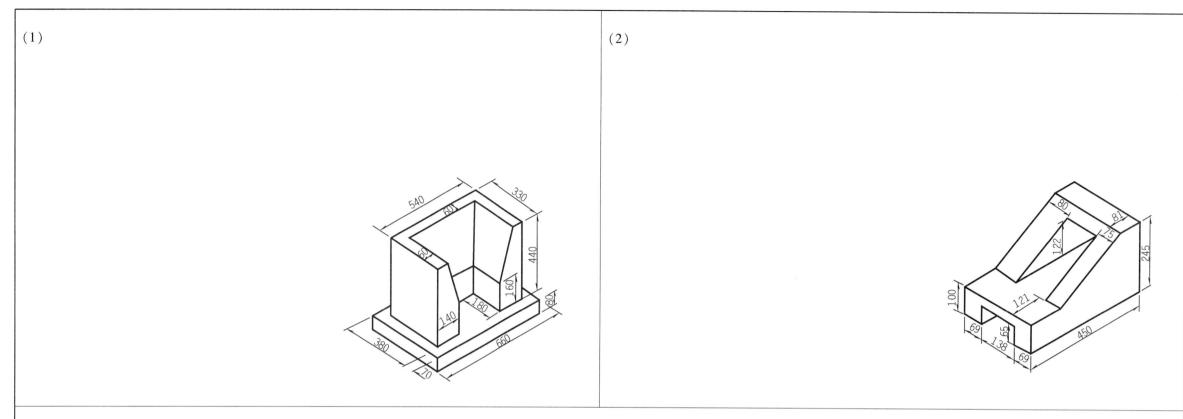

(3)

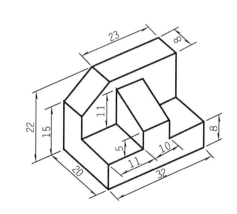

| 模块一 工程构件的绘制及识读 | 项目二 绘制与识读组合体的投影图与剖面、断面图 | 专业班级 | | 姓　　名 | | 学　　号 | |

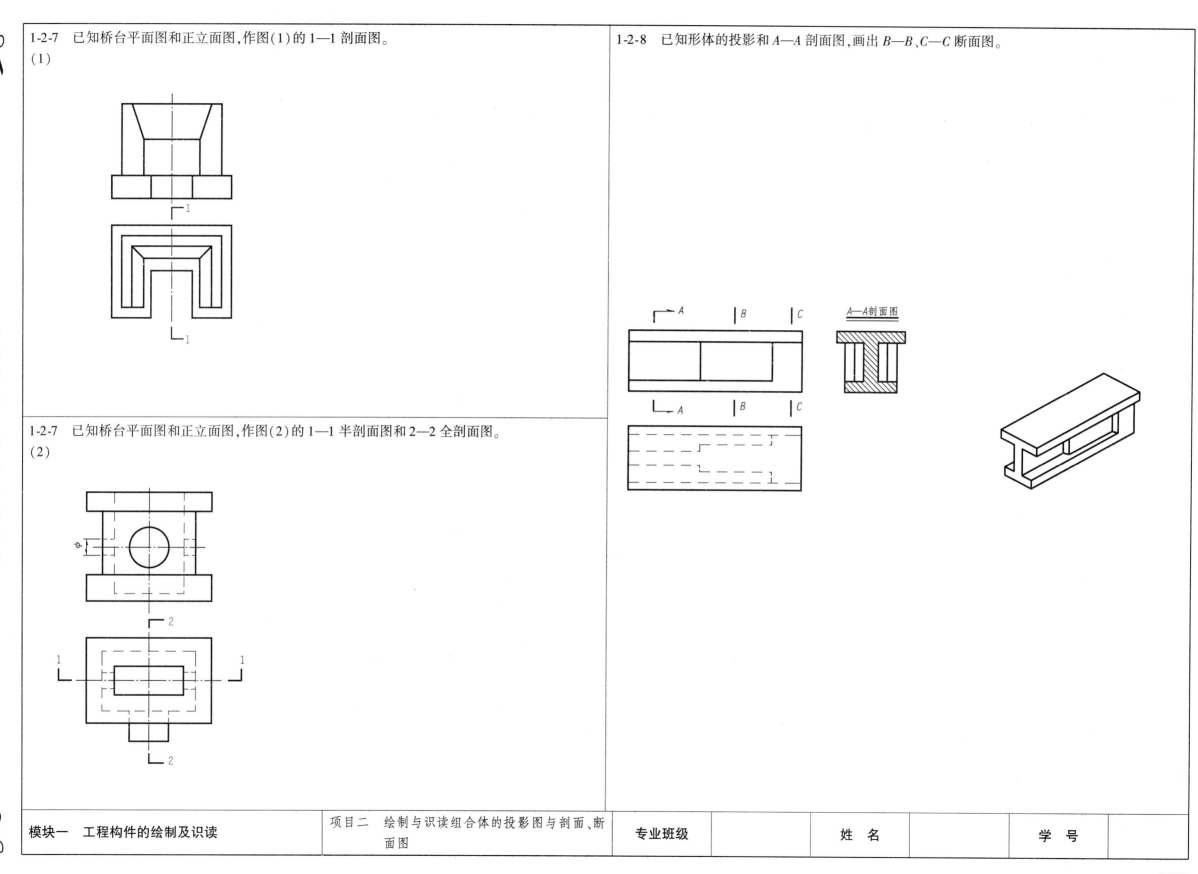

1-2-9 绘制 1—1 全剖面图，2—2 半剖面图。

1-2-10 绘制 1—1 阶梯剖面图。

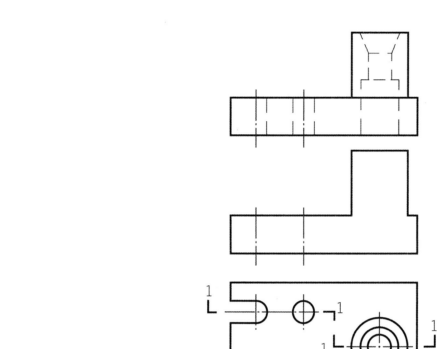
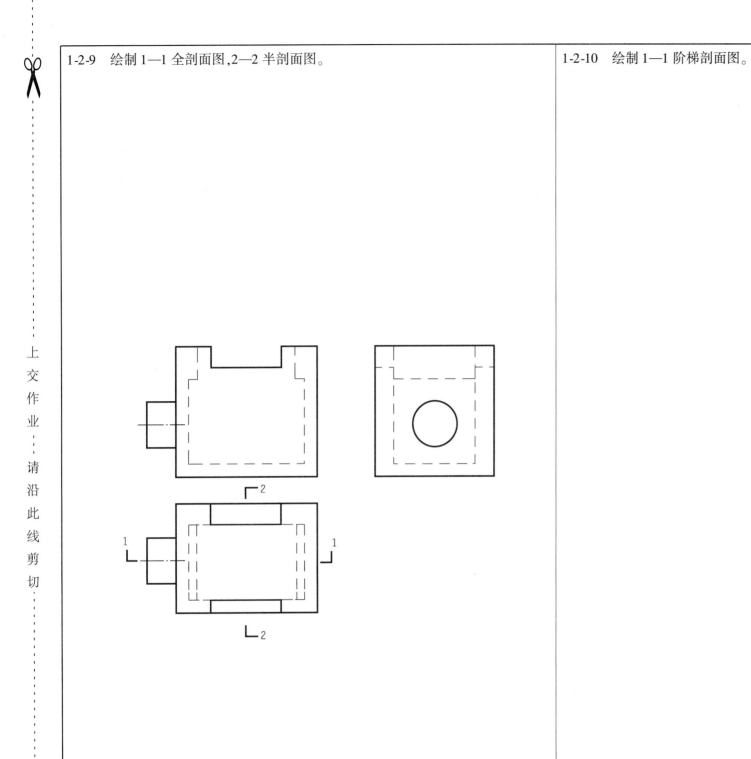

| 模块一 工程构件的绘制及识读 | 项目二 绘制与识读组合体的投影图与剖面、断面图 | 专业班级 | | 姓 名 | | 学 号 | |

1-2-11　已知形体的投影,参考尺寸标注,绘制 1—1 全剖面图,2—2、3—3、4—4 断面图(尺寸单位:mm)。

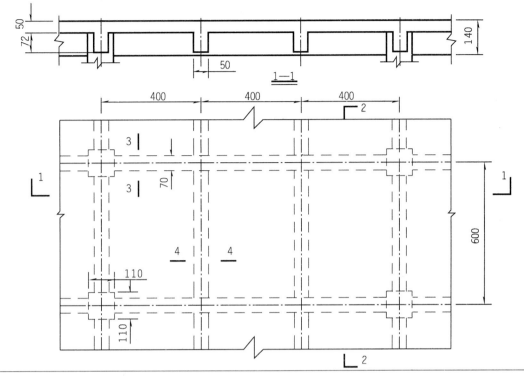

1-2-12　已知形体的投影,绘制 1—1、2—2 断面图。

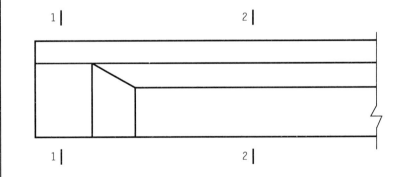 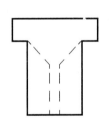

| 模块一　工程构件的绘制及识读 | 项目二　绘制与识读组合体的投影图与剖面、断面图 | 专业班级 | | 姓　名 | | 学　号 | |

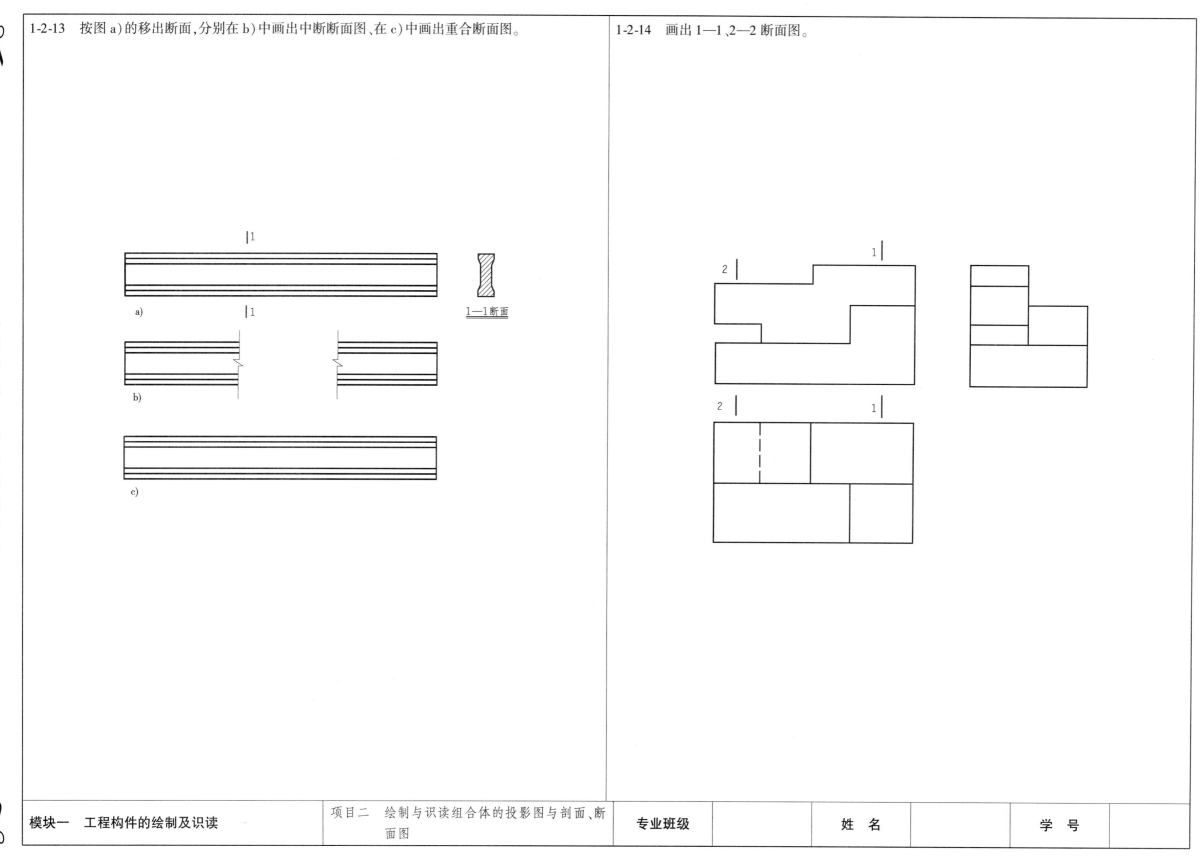

1-2-15 画出指定位置的 1—1、2—2、3—3、4—4 断面图。

1-2-16 画出指定位置的 1—1、2—2 断面图。

断面图作图步骤

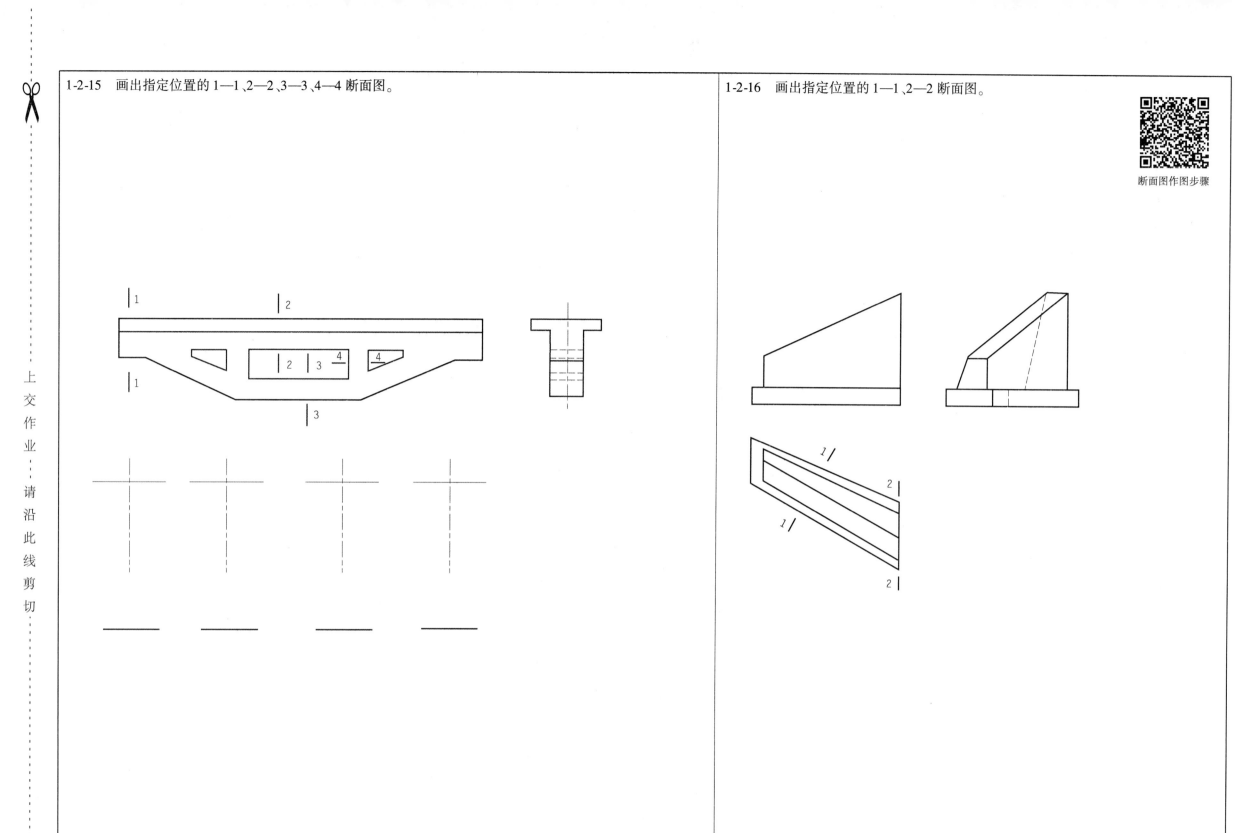

| 模块一 工程构件的绘制及识读 | 项目二 绘制与识读组合体的投影图与剖面、断面图 | 专业班级 | | 姓 名 | | 学 号 | |

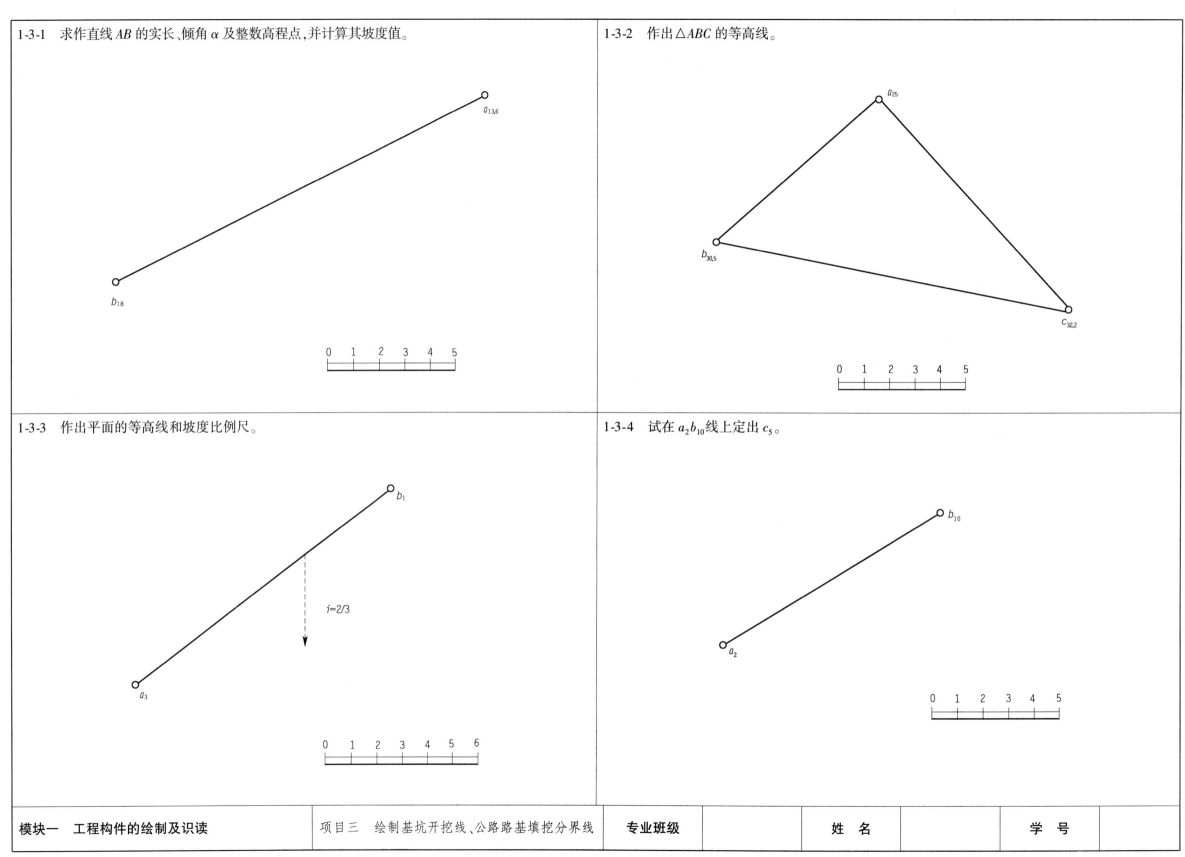

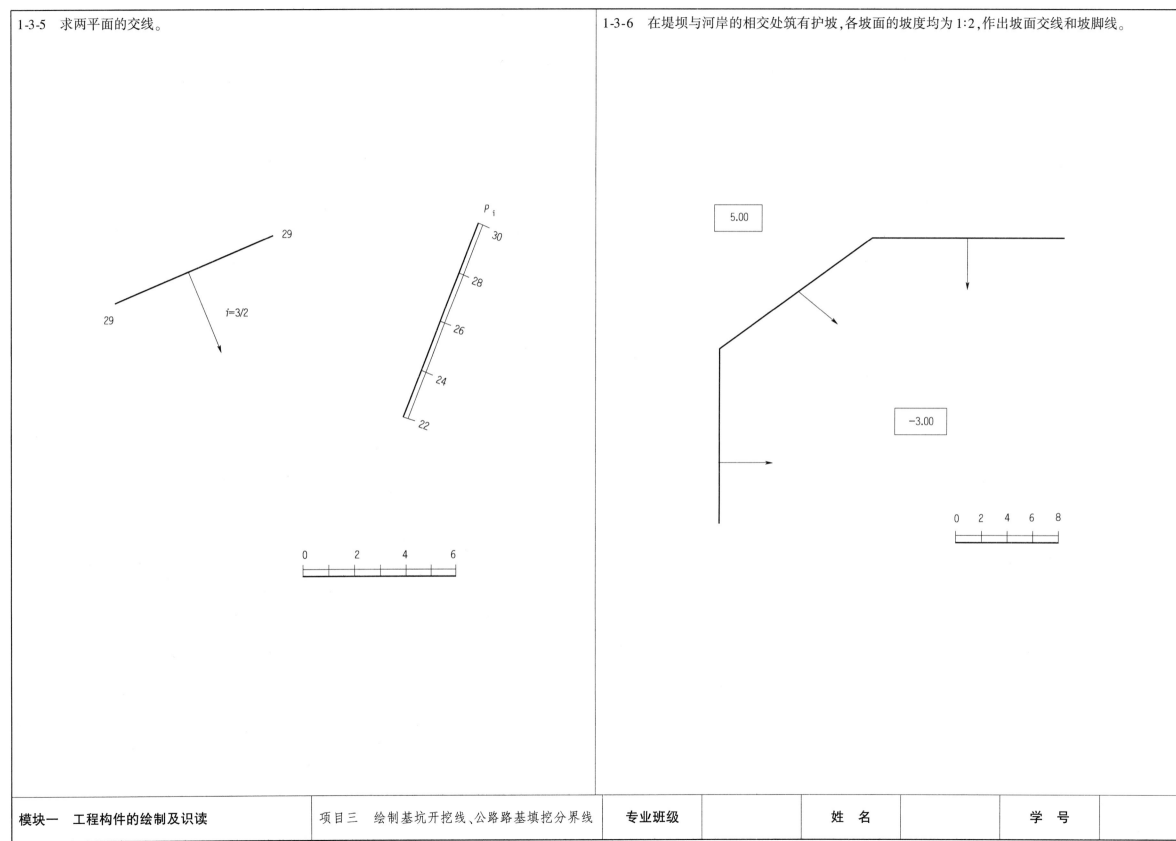

1-3-7 在高程为 ±0 的地面上开挖一基坑,坑底高程为 −2m,各边坡坡度均为 1:2,作出开挖线以及坡面交线。

1-3-8 两堤坝的高程及各边坡坡度如下图所示,求作坡脚线及各边坡交线(地面高程为 ±0m)。

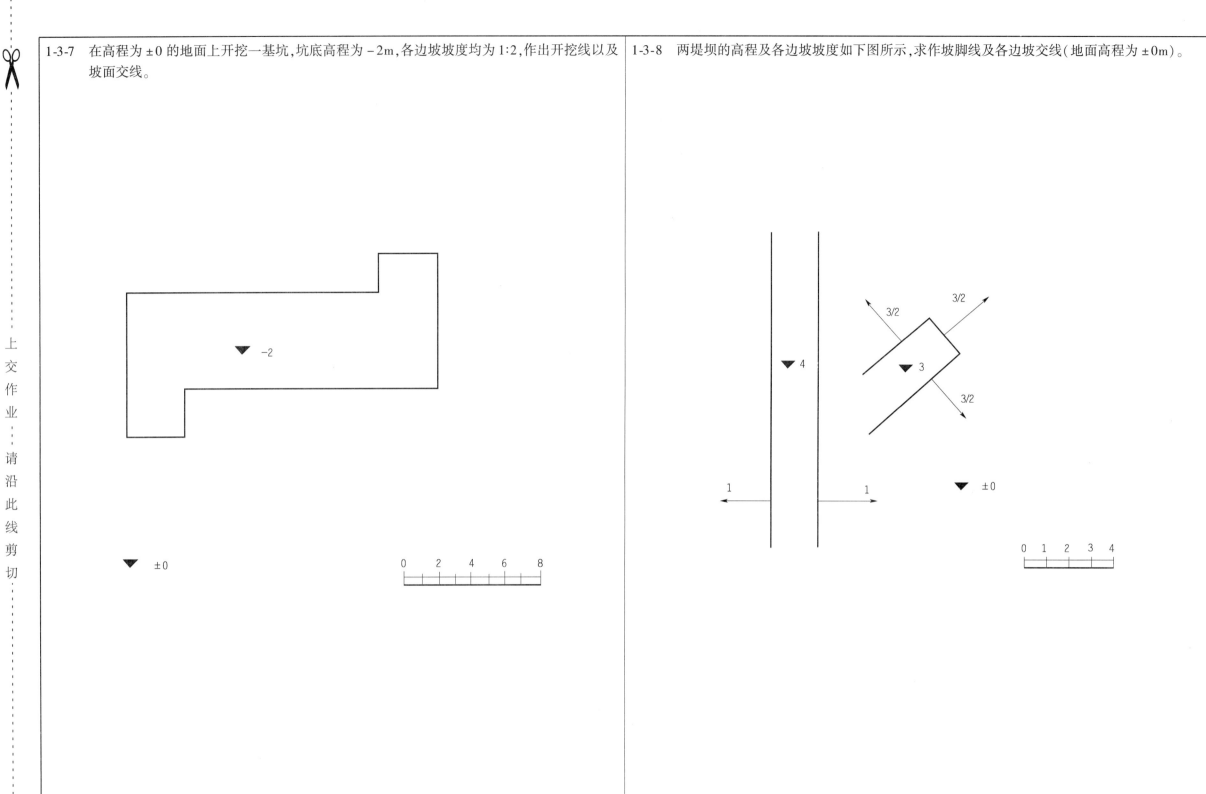

模块一　工程构件的绘制及识读　　项目三　绘制基坑开挖线、公路路基填挖分界线　　专业班级　　姓　名　　学　号

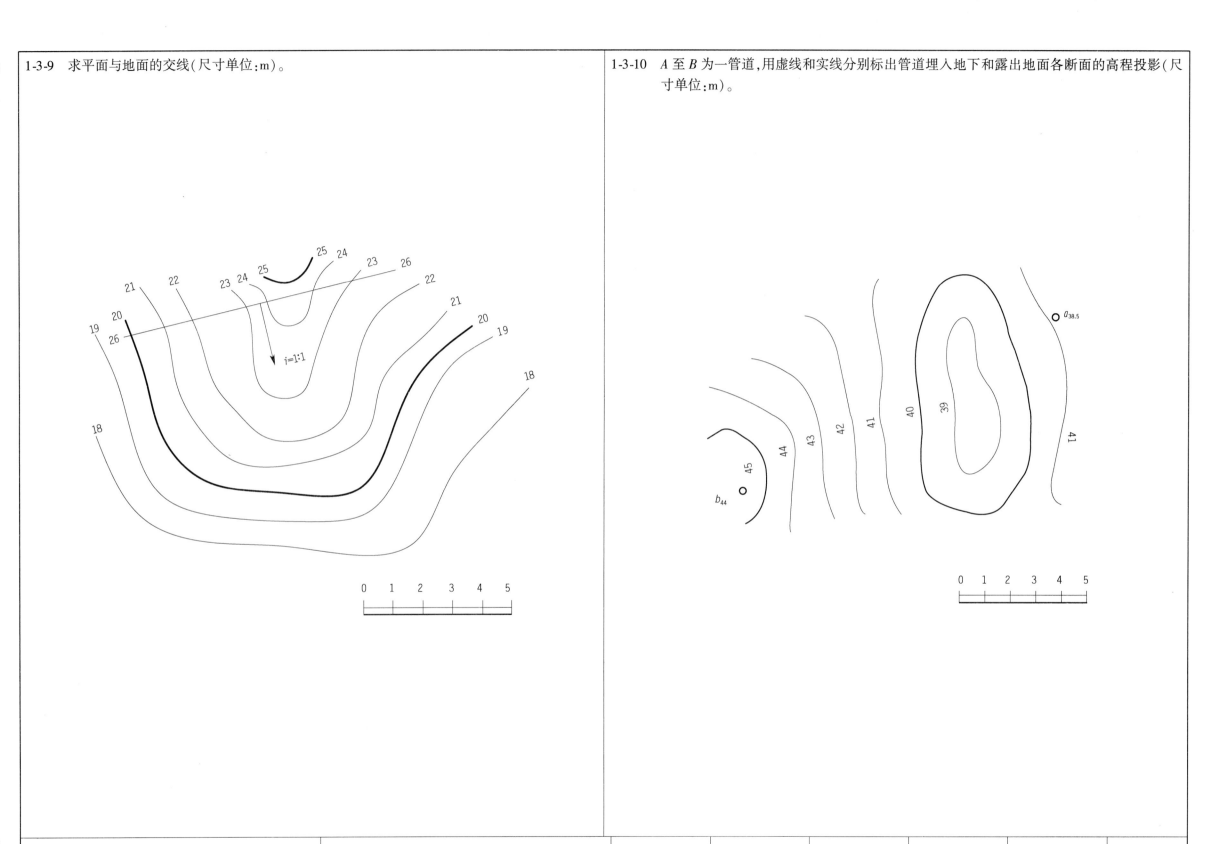

1-3-11 在山坡上修筑一水平场地,填方坡度为3:4,挖方坡度为1:1,作出填挖分界线(尺寸单位:m)。

填挖分界线
作图步骤

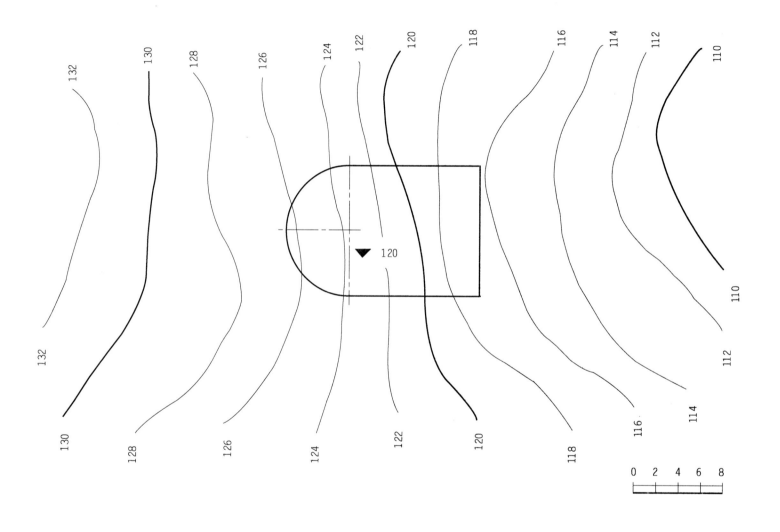

| 模块一 工程构件的绘制及识读 | 项目三 绘制基坑开挖线、公路路基填挖分界线 | 专业班级 | | 姓 名 | | 学 号 | |

2-0-1 填空题

1. 路线工程图的图示方法与一般工程视图不完全相同，它是采用_____作为平面图，用_____作为立面图，用_____作为侧面图。
2. 道路路线设计的最后结果是以_____、_____和_____来表示。
3. 路线平面图是从_____投影所得到的水平投影图，也是用_____投影法所绘制的道路沿线周围区域的地形图。
4. 路线平面图主要是表示路线的_____和_____，以及沿线两侧一定范围内的_____等情况。
5. 路线长度用_____表示，里程由左向右递增。路线左侧设有"_____"标记，表示公路里程桩号，右侧设有百米桩标记"_____"，数字写在短细实线端部，字头朝_____向。
6. 路线纵断面图是通过公路中心线用假想的_____进行剖切展平后获得的。
7. 路线纵断面图包括_____和_____两部分，一般_____画在图纸的上部，_____布置在图纸的下部。
8. 道路纵断面图中，如果横坐标的比例为1:1000，则纵坐标的比例为_____。
9. 如果某道路纵断面图中水平比例为1:2000，则垂直比例为_____。
10. 画出下列道路建筑材料的图例。

    钢筋混凝土　　干砌块石　　水稻田　　天然土体

11. 城市以外或在城市郊区的道路称为_____；位于城市范围内的道路称为_____。
12. 路基横断面是用假想的_____垂直于路中心线剖切而得到的图形。
13. 路基横断面图一般不画出_____和_____，以路基边缘的_____作为路中心的设计高程。
14. 路基横断面的基本形式有三种，分别是_____、_____、_____。
15. 平面图的植物图例，应朝_____或向_____绘制；每张图纸的右上角应有_____，注明图纸序号及总张数。
16. 横断面图的地面线一律用_____线，设计线用_____线，道路的_____、_____也应在图中表示出来。

2-0-2 单项选择题

1. 路线平面图中，里程桩号标记在路线的(　　)。
   A.左侧　　B.右侧　　C.下方　　D.上方
2. 路线走向规定(　　)。
   A.由左向右　　B.由右向左　　C.由下向上　　D.由上向下
3. 道路路线平面图所用比例一般较小，通常在城镇区为(　　)。
   A.1:500或1:1000　　B.1:2000
   C.1:5000或1:10000
4. 公路纵断面图中设计线上各点的高程通常是指(　　)。
   A.路基中心线的设计高程　　B.路基边缘的设计高程
   C.路面中心线的设计高程
5. 为了路基施工放样和计算土石方的需要，在路线的每一(　　)桩处，应根据实测资料和设计要求，画出一系列的路基横断面图，主要是表达路基横断面的形状和地面高低起伏状况。
   A.公里　　B.中心　　C.百米
6. 路线平面图，相邻图纸拼接时，路线中心对齐，接图线重合，并以(　　)方向为准。
   A.正北　　B.正南　　C.正东　　D.正西
7. 在路线纵断面图中，当路线坡度发生变化时，变坡点应用直径为(　　)的中粗线表示。
   A.2mm　　B.4mm　　C.6mm
8. 在同一张图纸上绘制的路基横断面图，应按里程桩号顺序排列，从图纸的(　　)方开始，先由下而上，再自左向右排列。
   A.左上　　B.左下　　C.右上　　D.右下

2-0-3 多项选择题

1. 在横断面图中，(　　)均用粗实线表示，路面厚度用中粗实线表示，原有地面线用细实线表示，路中心线用细点画线表示。
   A.路面线　　B.开挖线　　C.路肩线
   D.边坡线　　E.护坡线
2. 横断面图的水平方向和高度方向宜采用相同比例，一般比例为(　　)。
   A.1:200　　B.1:20　　C.1:100
   D.1:10　　E.1:50　　F.1:500
3. 圆曲线带有缓和曲线段的曲线主点是(　　)。
   A.直缓点(ZH点)　　B.直圆点(ZY点)　　C.缓圆点(HY点)
   D.圆直点(YZ点)　　E.曲中点(QZ点)　　F.圆缓点(YH点)
   G.缓直点(HZ点)
4. 圆曲线不带有缓和曲线段的曲线主点是(　　)。
   A.直缓点(ZH点)　　B.直圆点(ZY点)　　C.缓圆点(HY点)
   D.圆直点(YZ点)　　E.曲中点(QZ点)　　F.圆缓点(YH点)
   G.缓直点(HZ点)
5. 在公路纵断面图中，资料表主要包括以下项目和内容:(　　)。
   A.地质概况　　B.水准点　　C.超高
   D.填高　　E.坡度/距离　　F.地面高程
   G.里程桩号　　H.平曲线　　I.挖深
   J.加宽　　K.设计高程

模块二　识读道路工程专业图

2-0-4 阅读路线纵断面图,补全路线纵断面图的填挖高程数字,并回答问题。

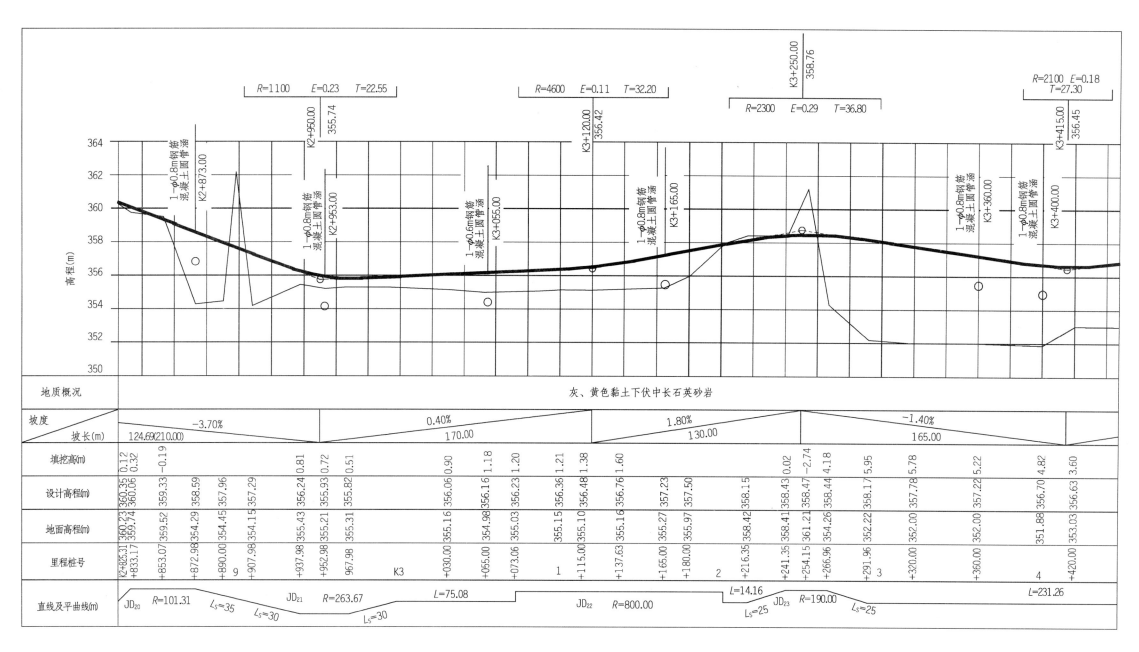

(1) 在路线纵断面图中,有_____个凸曲线,有_____个凹曲线。
(2) 在路线纵断面图中,有_____个平曲线,最大平曲线半径为_____。
(3) 桩号为 K3+115 处的设计高程为_____,地面高程为_____。
(4) 在桩号为 K3+055 处设有钢筋混凝土圆管涵,1-φ0.6m 表示_____。

| 模块二 识读道路工程专业图 | 专业班级 | 姓 名 | 学 号 |

2-0-5 阅读路线平面图,并回答问题。

曲线要素表

交点号	交点位置	偏角	曲线要素值(m)						控制点位置				
			切线长度 T_1 T_2	半径 R_2 R_y R_2	回旋线参数 A_1 A_2	曲线长度 L_{S1} L_y L_2	曲线总长	外距	ZH (ZY)	HY	QZ	YH	HZ (YZ)
JD₃	K1+729.01	左73°46′03″	138.05 138.05	1.50	86.60 86.60	50 143.12 50	243.12	38.40	K1+729.01	K1+779.01	K1+850.57	K1+922.13	K1+972.13

（1）图中 JD 为 _____ 点,是路线的两直线段的理论 _____ 点,如 JD₃ 表示 _____ 点。

（2）R 为圆曲线 _____,是连接圆弧的 _____ 长度；T 为 _____,是切点与交角点之间的长度；L 为 _____,是圆曲线两切点之间的弧长。

（3）ZY 是 _____ 点,QZ 是 _____ 点,YZ 是 _____ 点,ZH 是 _____ 点,HZ 是 _____ 点,HY 是 _____ 点,YH 是 _____ 点。

（4）路线平面图中路线的前进方向总是从 _____ 向 _____ 的。

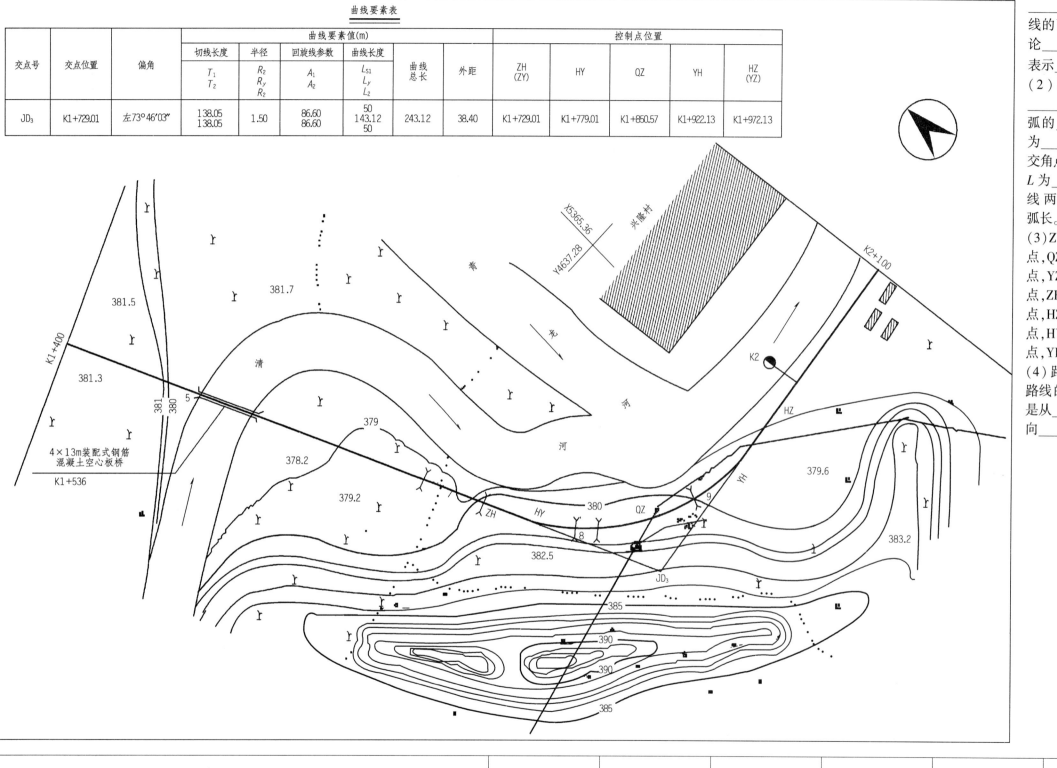

| 模块二 识读道路工程专业图 | 专业班级 | 姓 名 | 学 号 |

2-0-6 根据已知的道路平面图,求作 A—A、B—B 两处的道路横断面图,比例为 1:100。已知:A 处的道路设计高程是 14.00m,B 处道路设计高程为 15.80m,填方边坡为 1:1.5,挖方边坡为 1:1 排水沟省略不画,尺寸单位为 m。

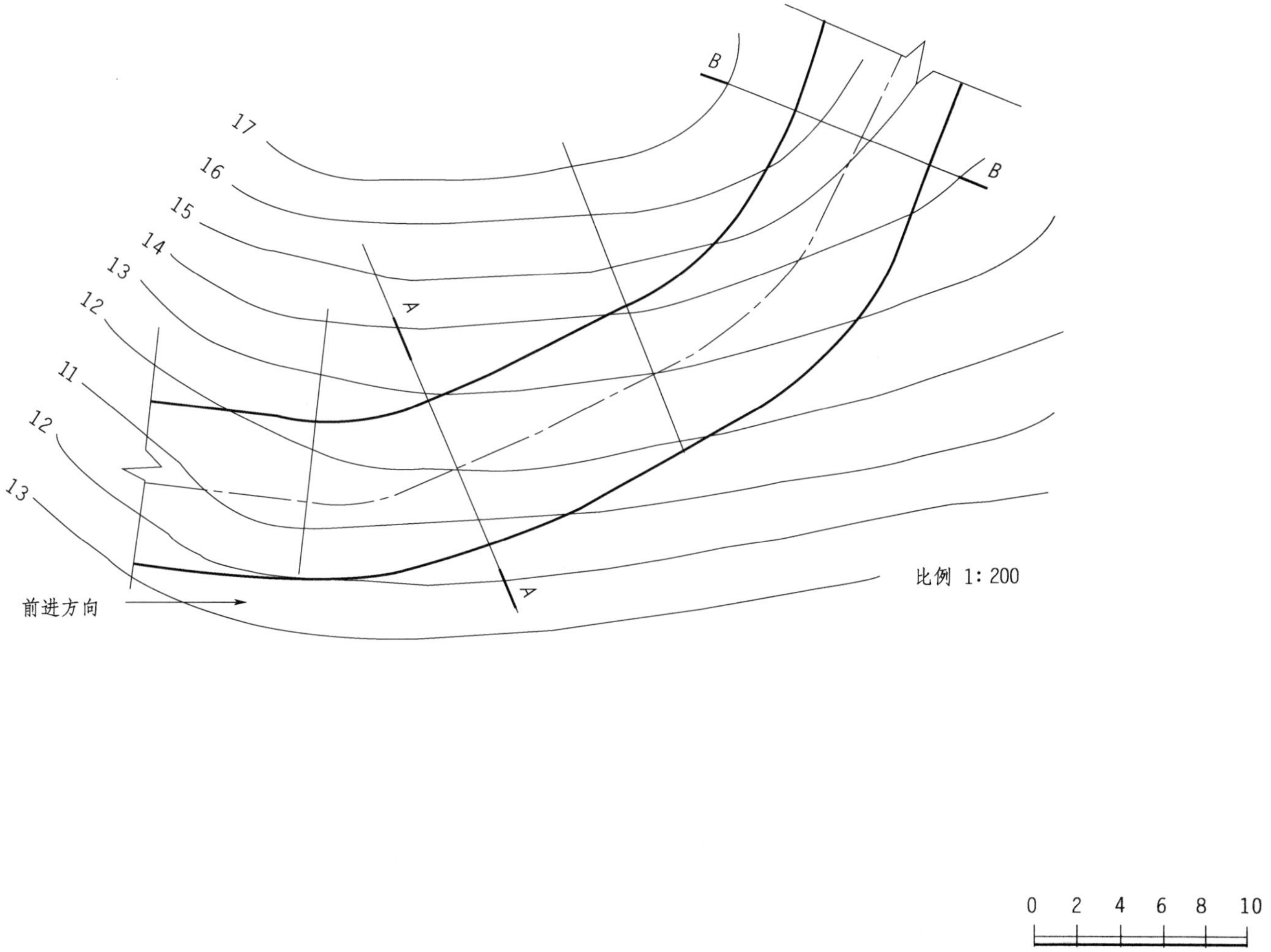

横断面图中的地形画法见下图,I—I 是按路线的前进方向观看的。

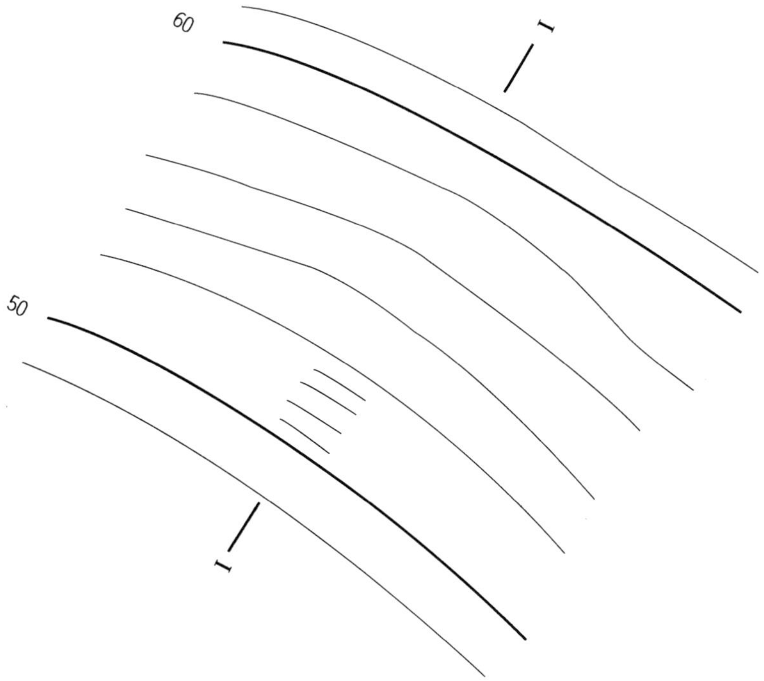

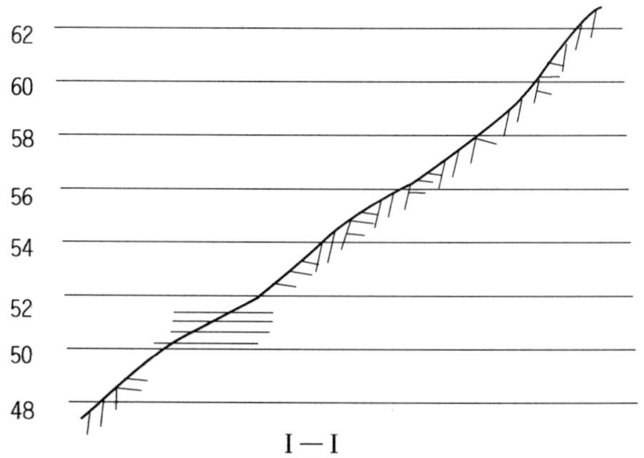

比例 1:200

前进方向

0 2 4 6 8 10

为了准确作出 50~52 等高线之间的地形线,中间可插入一些等高线。

I—I

| 模块二 识读道路工程专业图 | 专业班级 | | 姓 名 | | 学 号 | |

2-0-7 抄绘八字式单孔石拱涵构造图。

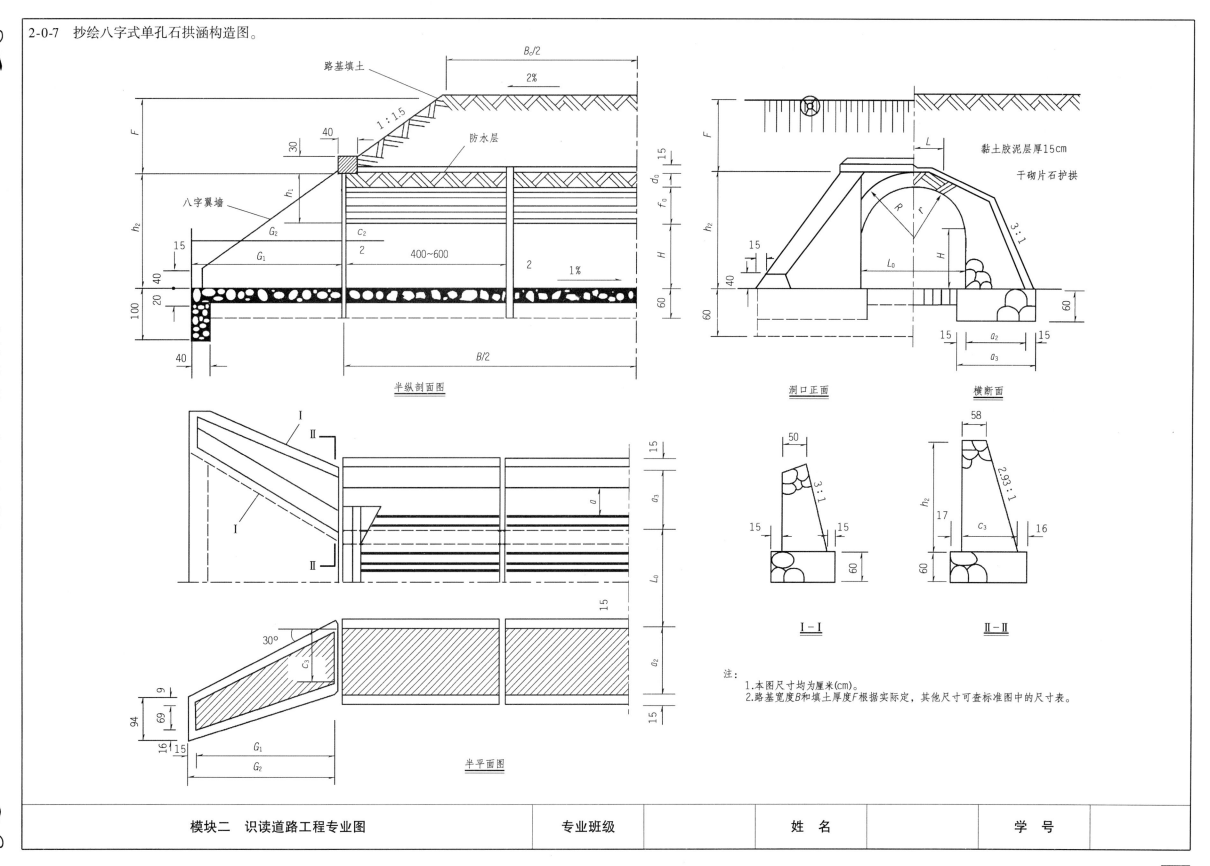

3-0-1 在计算机上绘制空心板断面图(尺寸单位:mm)。

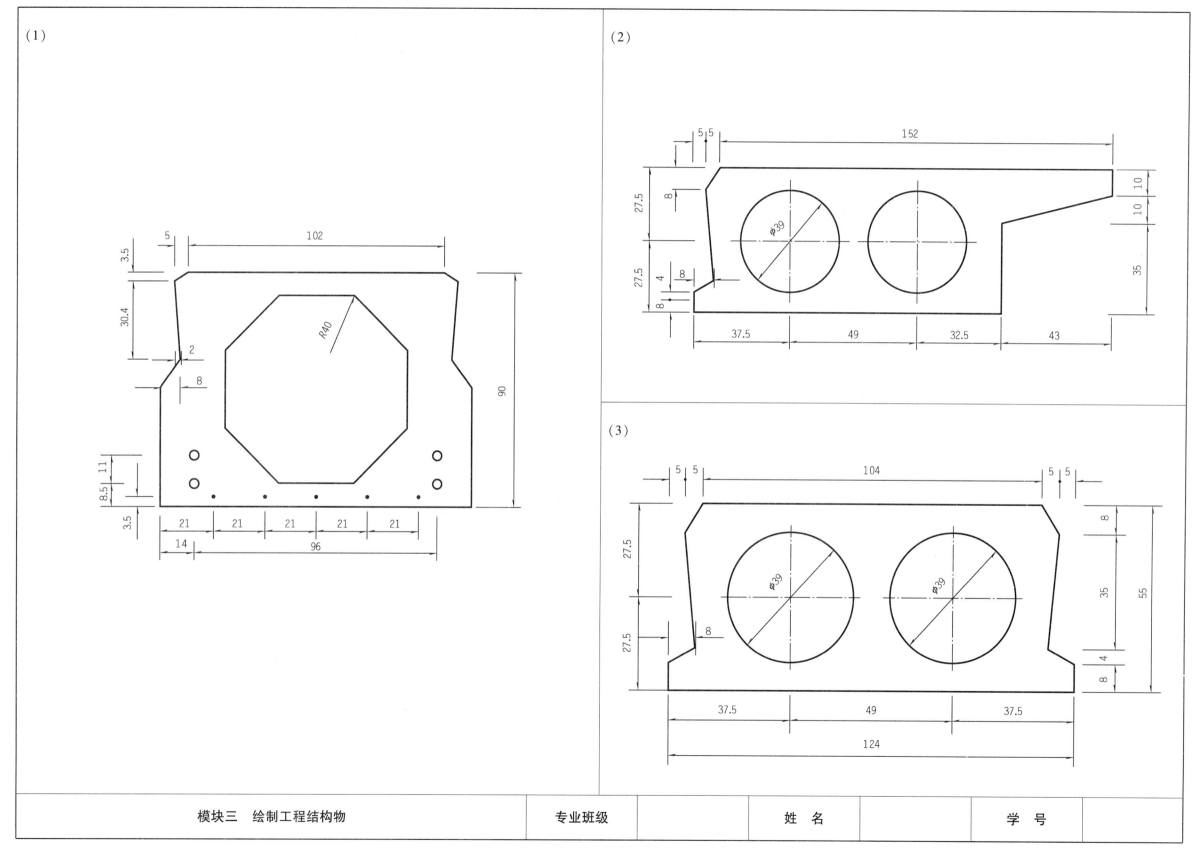

模块三 绘制工程结构物

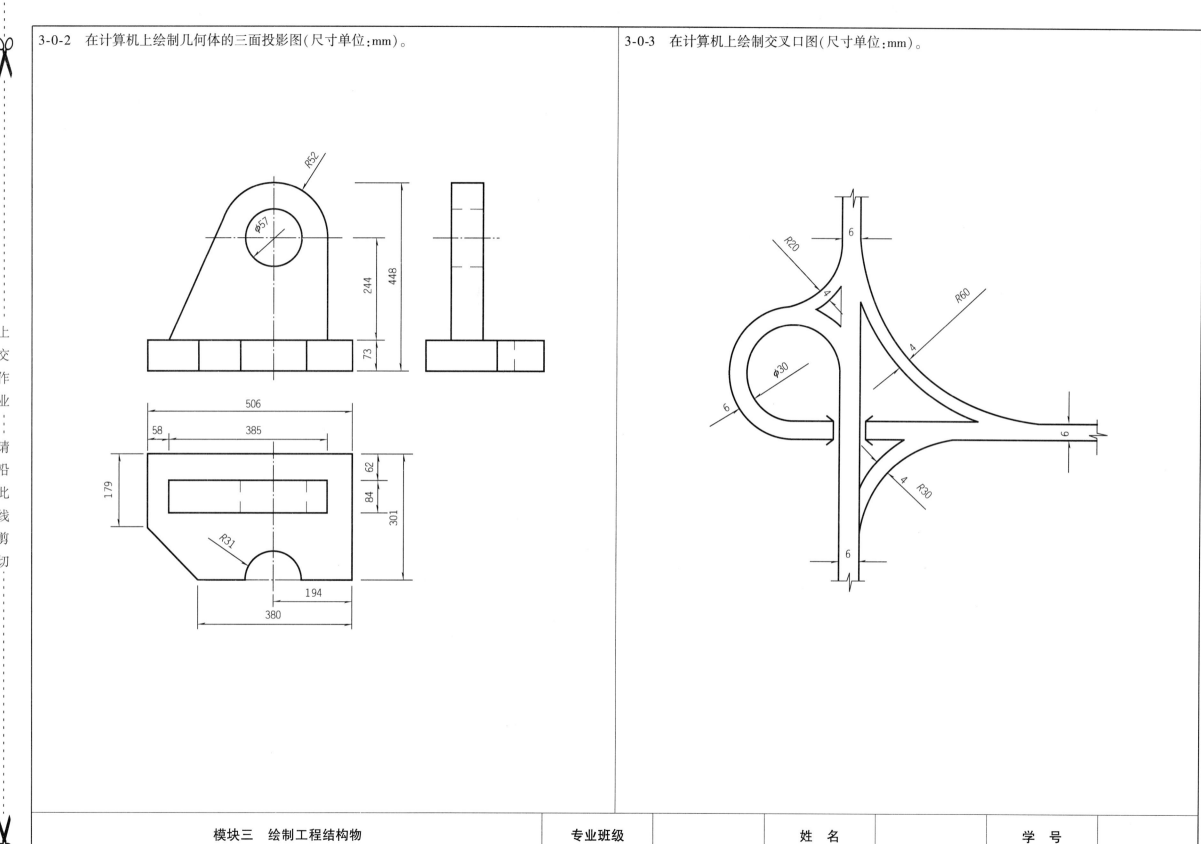

3-0-4 在计算机上绘制三维实体图(尺寸单位:mm)。

(1)

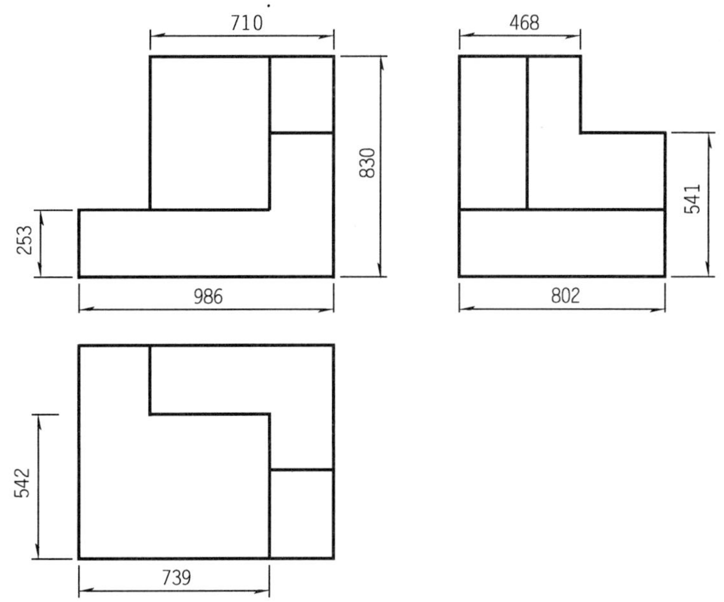

(2)

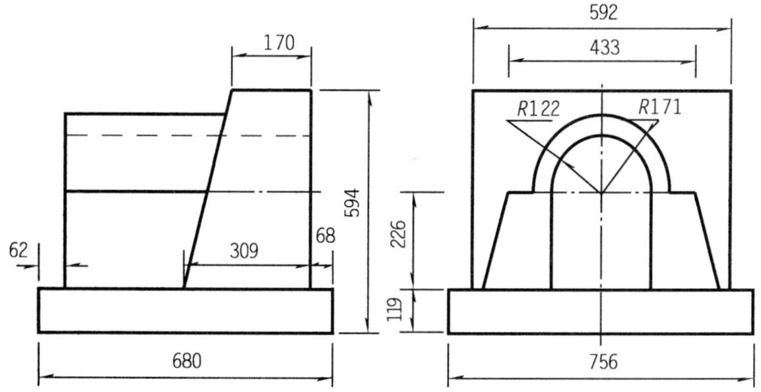

(3)

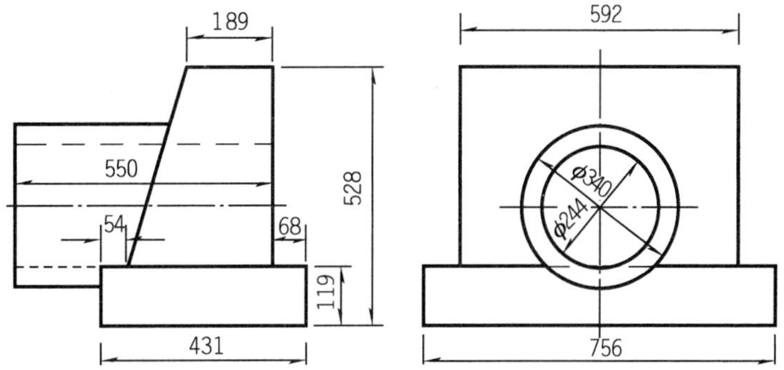

(4)

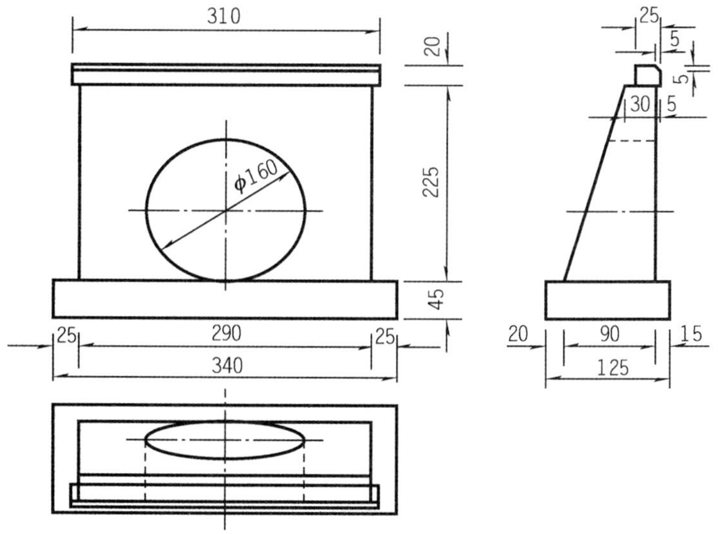

| 模块三 绘制工程结构物 | 专业班级 | 姓 名 | 学 号 |

3-0-5 在计算机上绘制以下三维图,并进行尺寸标注(尺寸单位:mm)。

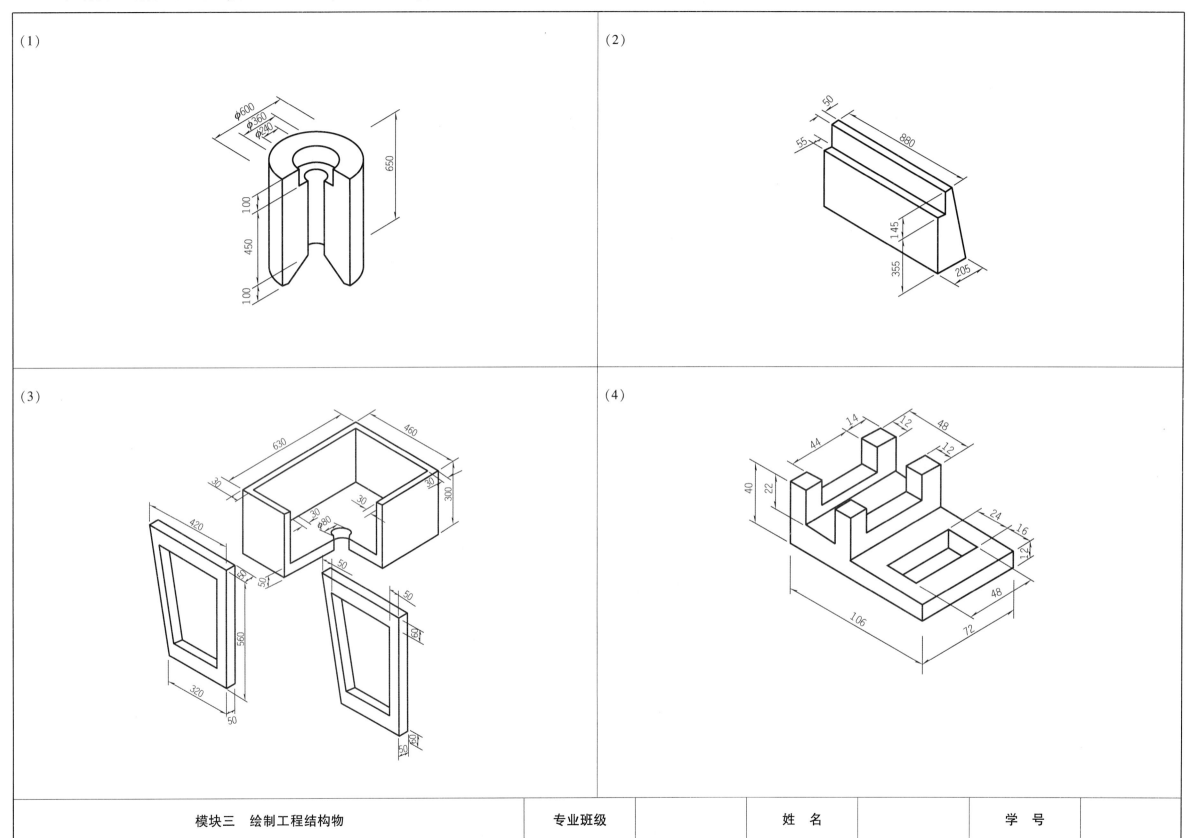

4-0-1 在计算机上进行挡土墙的绘制。

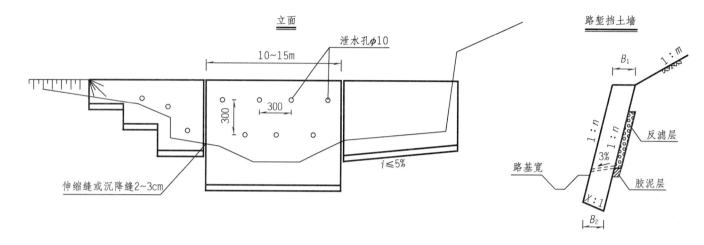

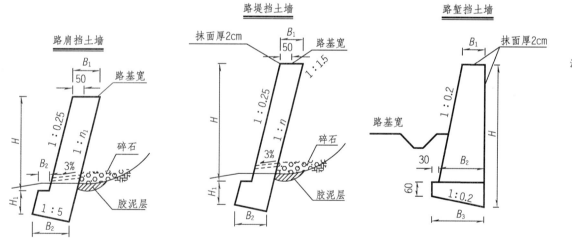

注：
1. 本图尺寸除注明者外，其余均以厘米(cm)计。
2. 挡土墙及路堑挡土墙沉降缝采用沥青麻絮在墙内、外、顶嵌塞，深度不小于15cm。
3. 墙身外露部分需设泄水孔，墙高4m以上视情况增设泄水孔排数，上下交错布置，进水孔口填适量碎石作反滤层，碎石下设胶泥层防积水渗入基础，泄水孔应设在地面以上30cm，常水位以上50cm。
4. 一般挡土墙采用M7.5浆砌片石砌筑，片石厚度不小于15cm，强度不低于MU30。
5. 挡土墙设置在土质地基时，基础埋深不小于1.0m，落地面受冲刷，则在冲刷线1.0m以下。
6. 路堤挡土墙顶外缘与路基边坡接触距离为0.5m，墙顶外露部分用M10水泥砂浆抹面，使墙体外顶两面平整。

| 模块四 计算机绘图实训 | 专业班级 | | 姓 名 | | 学 号 | |

4-0-2 在计算机上进行盖板涵的绘制。

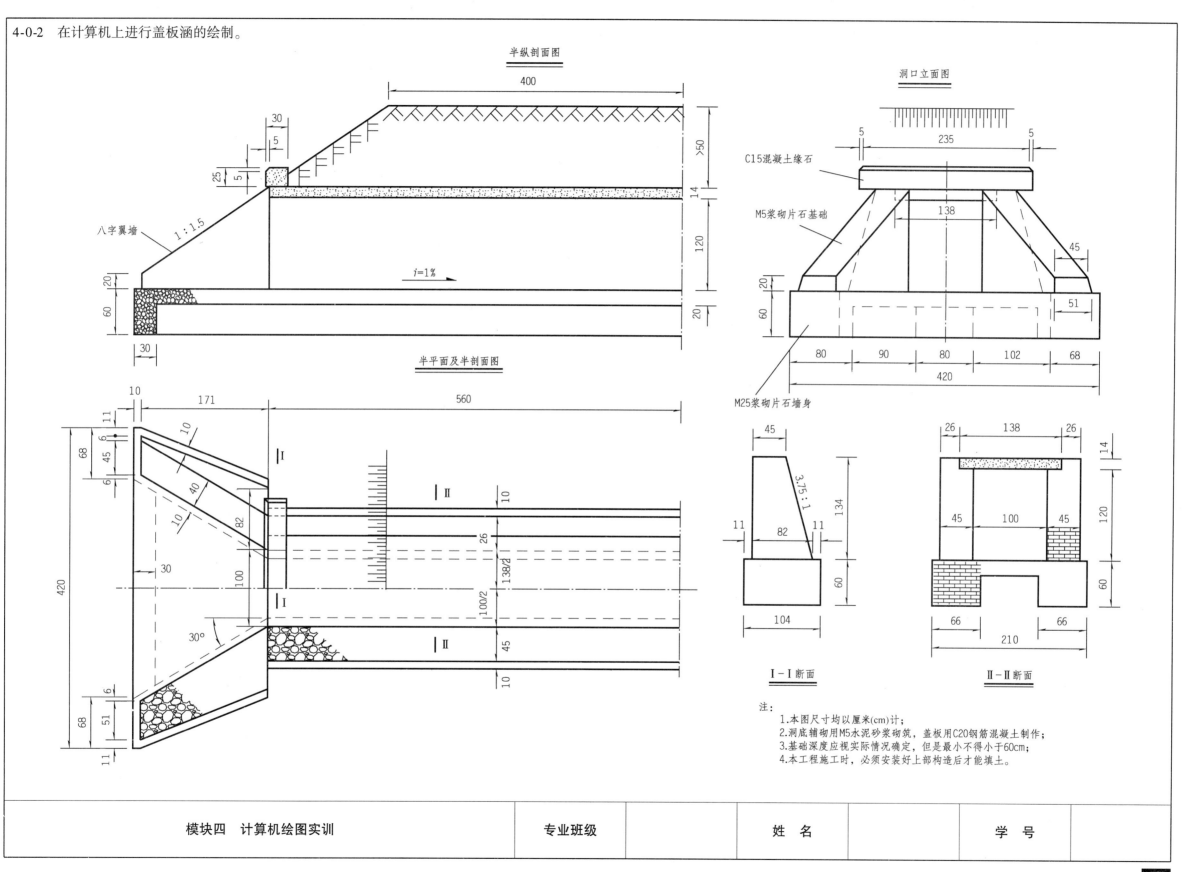

4-0-3 在计算机上进行表格绘制以及文字标注。

立面图

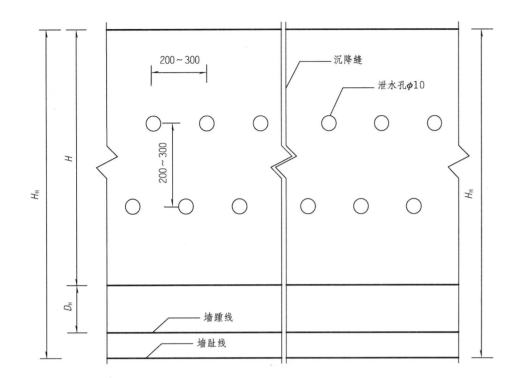

断面图

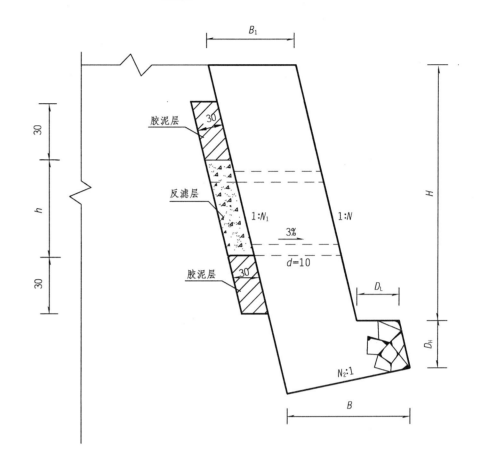

断面尺寸表

摩擦角	基底	墙高	断面尺寸								圬工体积
φ (°)	σ (kPa)	H (m)	D_H (m)	B_1 (m)	B_2 (m)	B (m)	D_L (m)	H_H (m)	N_1	N_2	(m^3/m)
35	250	1.5	0.5	0.40	0.40	0.67	0.3	2.64	−0.25	0.20	1.00
		2	0.5	0.51	0.51	0.77	0.3	2.65	−0.25	0.20	1.48
		3	0.5	0.64	0.64	0.89	0.3	3.67	−0.25	0.20	2.47
		4	0.5	0.89	0.89	1.13	0.3	4.71	−0.25	0.20	4.28
		5	0.5	1.10	1.10	1.33	0.3	5.76	−0.25	0.20	6.38
		6	0.6	1.27	1.27	1.59	0.4	6.91	−0.25	0.20	8.88
		7	0.7	1.40	1.40	1.76	0.45	8.05	−0.25	0.20	11.42
		8	0.8	1.40	1.80	2.25	0.50	9.25	−0.20	0.20	15.18
		9	0.9	1.51	1.96	2.50	0.60	10.40	−0.20	0.20	18.59

注：
1. 本图尺寸除注明者外，其余均以厘米(cm)计。
2. 沉降伸缩缝间距为10~12m，缝宽2cm，用沥青麻絮填塞。
3. 墙身外露部分须设泄水孔，墙高4m以上视情况增设泄水孔排数，且间距2~3m，上下交错布置，进水孔口设砂砾反滤层，下设胶泥层防积水渗入基础，泄水孔应设在地面以上0.30m，常水位以上0.5m。
4. 一般挡土墙采用M7.5浆砌片石砌筑，片石厚不小于15cm，强度等级不低于MU25。
5. 挡土墙设置在土质地基时，基础埋深不小于1.0m，若地面受冲刷应埋置于冲刷线1.0m以下。
6. 墙顶用M10水泥砂浆抹面。
7. 挡土墙施工时每砌筑0.5~1.0m，当砂浆强度达75%以上后，路基填土跟进至墙高。

| 模块四 计算机绘图实训 | 专业班级 | 姓 名 | 学 号 |

4-0-4 在计算机上进行桥台的绘制位置。

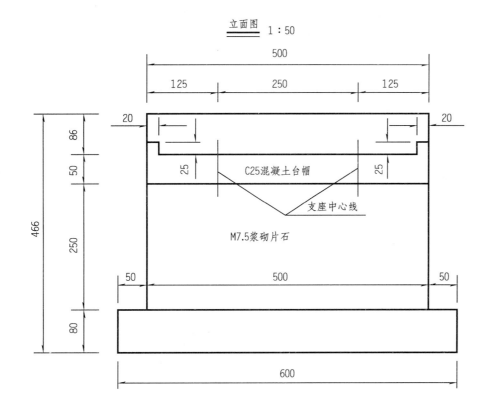

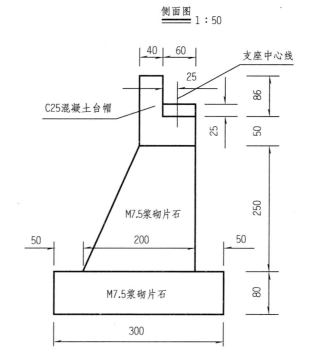

注：本图尺寸均以厘米(cm)计。

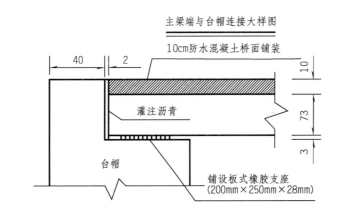

| 模块四　计算机绘图实训 | 专业班级 | | 姓　名 | | 学　号 | |

4-0-5 在计算机上进行桥面板的绘制。

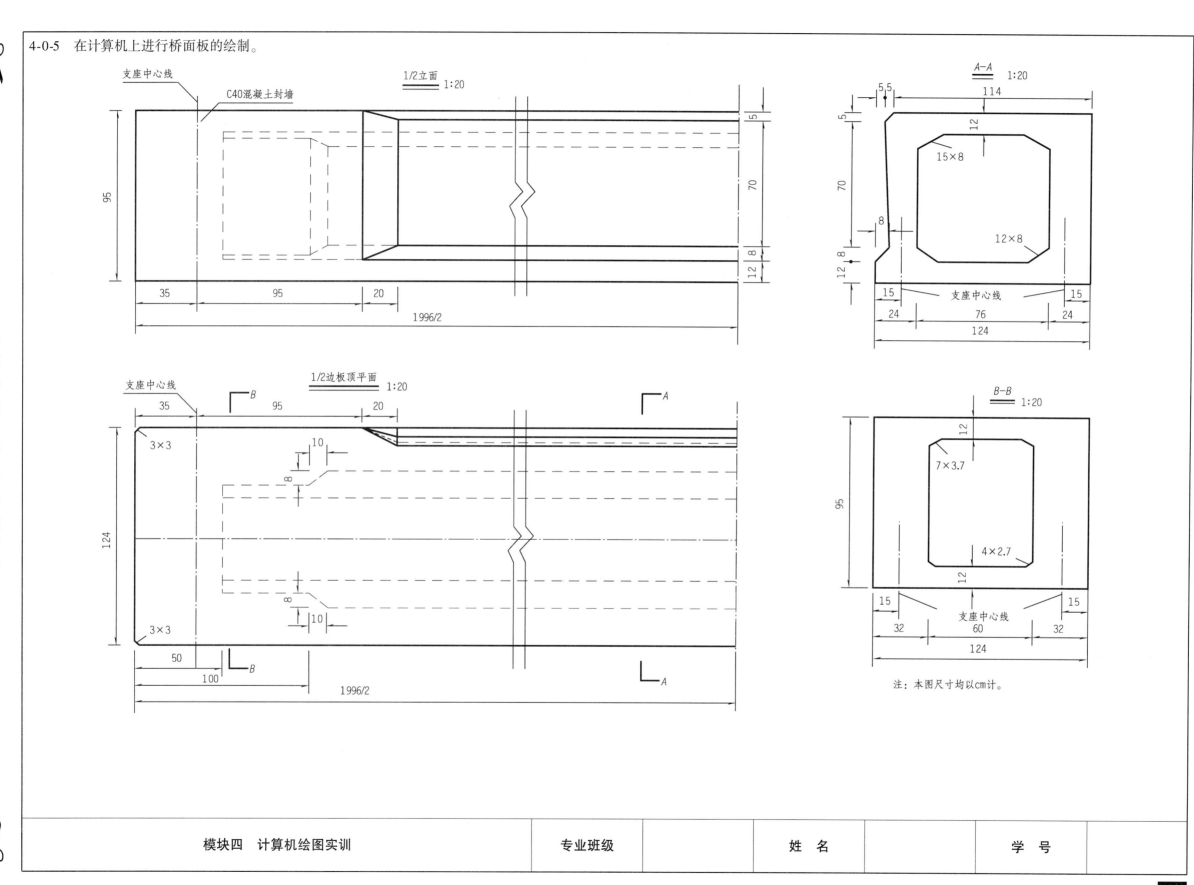

注：本图尺寸均以cm计。

| 模块四 计算机绘图实训 | 专业班级 | | 姓　名 | | 学　号 | |

4-0-6 在计算机上进行桥面板的配筋图的绘制(尺寸单位:cm)。

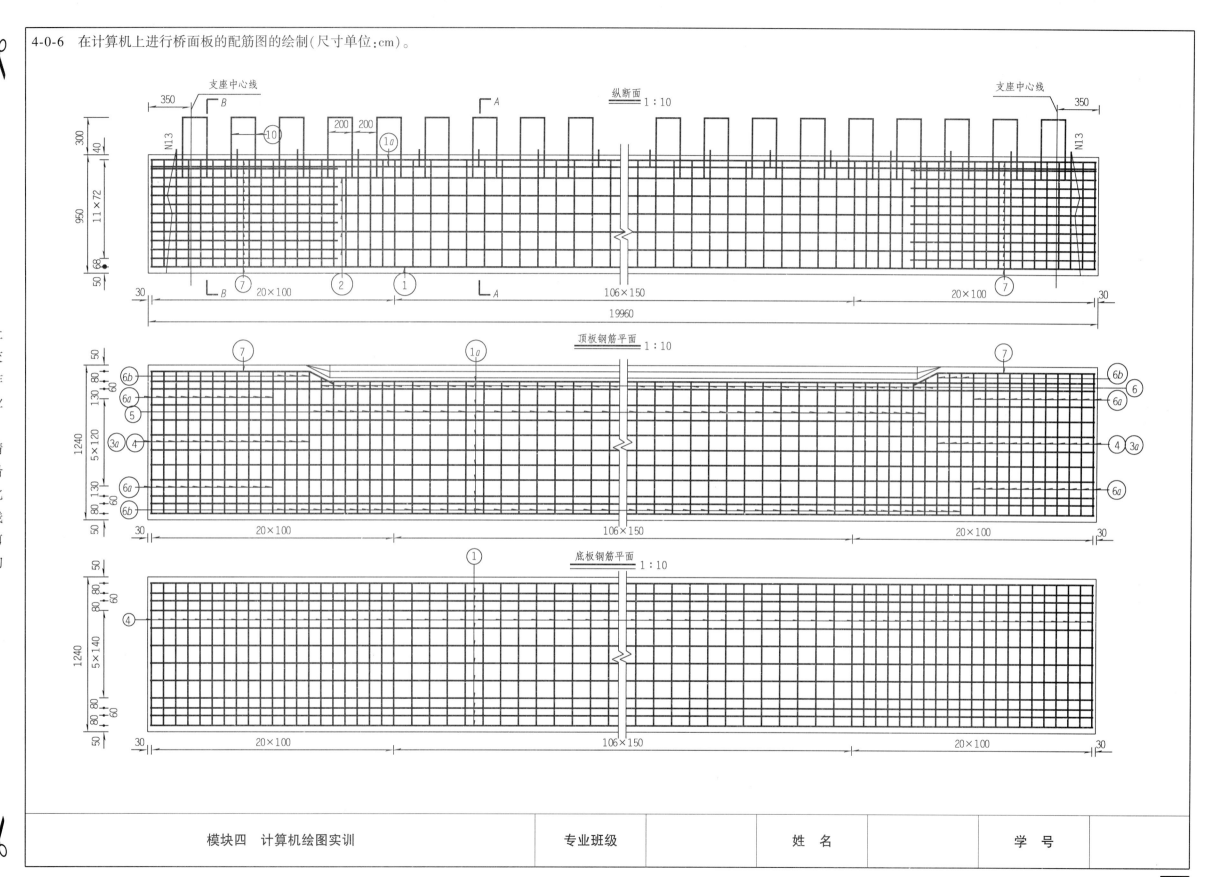

4-0-7 在计算机上绘制 T 梁钢筋结构图。

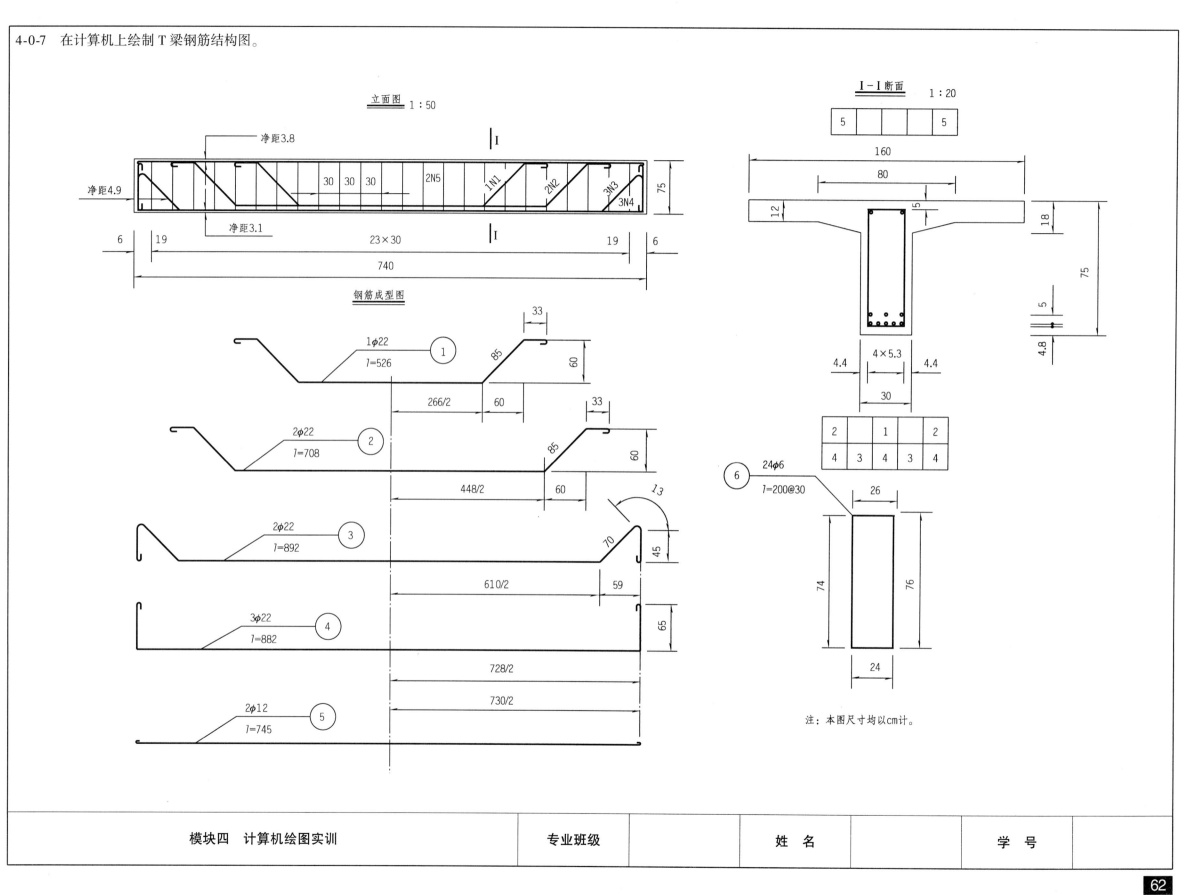

参 考 文 献

[1] 曹雪梅.道路工程制图习题集[M].4版.北京:人民交通出版社,2021.
[2] 何铭新.建筑工程制图[M].北京:高等教育出版社,2008.
[3] 王子茹.画法几何及工程制图习题集[M].北京:人民交通出版社,2007.
[4] 谭海洋.道路工程制图习题集[M].北京:人民交通出版社,2008.
[5] 郭全花.土木工程制图习题集[M].北京:人民交通出版社,2008.